日本語を書くトレーニング

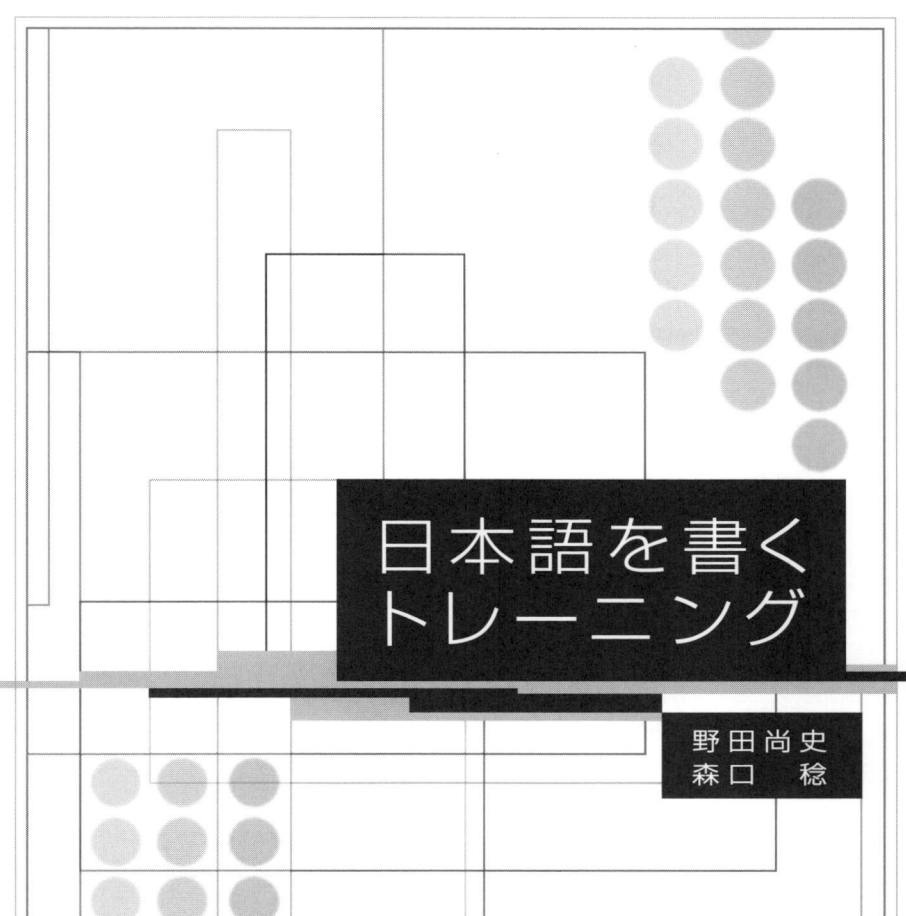

野田尚史
森口稔

ひつじ書房

◆◆◆◆◆ 目次 ◆◆◆◆◆

目 次 2

この本を読んでくださるかたへ 6

トレーニング1　お知らせのメール

同窓会について知らせる　　　　　　　　　　　　　　　　8
同窓会のメールを書き直す　　　　　　　　　　　　　　　9
ボランティアサークルの新入生歓迎会を知らせる　　　　　10
上田ゼミのゼミコンパを知らせる　　　　　　　　　　　　11
先生に授業の長期欠席を知らせる　　　　　　　　　　　　12
英語の勉強会について知らせる　　　　　　　　　　　　　13
課題1～5　　　　　　　　　　　　　　　　　　　　　　14

トレーニング2　レストランのメニュー

わかりにくい「広島ラーメン紅葉」のメニュー　　　　　　16
わかりやすい「オリーブ」のメニュー　　　　　　　　　　17
注文しにくい「西安」のメニュー　　　　　　　　　　　　18
不親切な「アユタヤ」のメニュー　　　　　　　　　　　　19
お客さんがとまどう「ナマステ」のメニュー　　　　　　　20
課題1～5　　　　　　　　　　　　　　　　　　　　　　22

トレーニング3　問い合わせのメール

英会話サークルに活動内容を問い合わせる　　　　　　　　24
テニスサークルに練習時間などを問い合わせる　　　　　　25
休んだ授業のレポートについて友だちに聞く　　　　　　　26
ペンションに宿泊料金などを問い合わせる　　　　　　　　28
顧問の先生に新入生歓迎パーティーの日程の都合を聞く　　29
課題1～5　　　　　　　　　　　　　　　　　　　　　　30

トレーニング4　注意書きやサービス案内

北野大川ビルの中にある注意書き	32
工事を知らせる案内の看板	33
西町児童公園の中にある注意書き	34
北九州ゲームショーの入場案内	35
ホテルセレッソ仙台のサービス案内	36
「ベーカリー　麦の色」の割引券	37
課題1～5	38

トレーニング5　お願いのメール

先生に本の貸し出しをお願いする安易なメール	40
先生に本の貸し出しをお願いする配慮あるメール	41
先生にレポートの提出期限を延ばしてもらう	42
お店の人に忘れ物を探してもらう	43
フリーマーケットへの協力をお願いする	44
買い物のお願いに返事を書く	45
課題1～5	46

トレーニング6　お店やイベントの広告

情報誌に載せる「真っ赤なトマト」の広告	48
「アンサンブル青山」の新入生勧誘チラシ	50
「エービー塾第5期生公演」のチラシ	51
「料理旅館　浪の華」の広告	52
「カフェ・アキノ」のポイントカード発行のチラシ	53
課題1～5	54

トレーニング7　わかりやすいマニュアル

スマホでのメールの送りかた	56
中華料理店の接客マニュアル	57
ご飯の炊きかたと味噌汁の作りかた	58
エアコンの取扱説明書の目次	60
ガスコンロの組み立てかたの説明	61
課題1～5	62

トレーニング8　場所や交通の案内

大岩海岸駅から大林さんの家までの道案内	64
「ホテル高倉」の道案内の看板	65
県庁前駅に置かれたグリーンホールまでの案内板	66
「石崎書店」のフロアマップ	67
本町1丁目のバス停の時刻表	68
西が丘駅の券売機の表示	69
課題1～5	70

トレーニング9　企画や提案を出す

学園祭での韓国風お好み焼き屋の企画書	72
お菓子の新製品の企画書	73
新入生歓迎オリエンテーションの企画案	74
就職セミナーの企画案	75
「カレー工房　哲」のホームページの企画案	76
「たんたん」開店5周年キャンペーンの企画	77
課題1～5	78

トレーニング10　ニュースレターを作る

「ウィル名古屋」に載せる新入会員の自己紹介	80
「広尾ジャズニュース」に載せるお知らせ	81
「ニューズレター　松江バド」に載せる「卒業生に贈ることば」	82
「異文化通信」に載せる原稿募集のお知らせ	83
「南海高校11同窓会ニュース」に載せる原稿の字数調整	84
「Shu Shu Newsletter」に載せる総会報告の文体統一	85
課題1～5	86

トレーニング11　アンケート用紙を作る

「ビジネスホテル松村」の部屋に置いてあるアンケート用紙	88
お笑いイベントのアンケート用紙	89
地ビールレストラン「カンパネルラ」のアンケート用紙	90
ダイエットについてのアンケート用紙	91
スマホの絵文字・顔文字についてのアンケート用紙	92
課題1～5	94

トレーニング12　掲示板やメーリングリストを使う

- 「Sarinaの沖縄情報」掲示板へのはじめての書き込み　96
- 「ラブ・ハムスター」メーリングリストでもらった情報へのお礼　98
- 鹿児島北高校同窓会東京支部のメーリングリストを使った話し合い　99
- 全国学生ディベート連盟のメーリングリストでの口論　100
- 課題1〜5　102

トレーニング13　日本語弱者のことを考えて書く

- 東海電鉄の女性専用車のステッカー　104
- 花見川水上バスの料金や路線の案内板　105
- 「すしの大友」のメニュー　106
- 「けやき台サマーフェスティバル」の参加者募集チラシ　107
- 「東京ひらがな新聞」に載せる地震についての記事　108
- 小学生向けのバス旅行のパンフレット　109
- 課題1〜5　110

トレーニング14　レポートや論文を書く

- 「ジェンダー論」のレポートの書き出し　112
- 「言語と社会」のレポートに書く「調査の方法」　113
- 「都市の環境問題」というレポートの本文　114
- 卒業論文の題目　115
- 「早口ことばの実験的研究」という卒業論文の目次　116
- 「インターネット・ショッピングに関する研究」という卒業論文の要旨　117
- 課題1〜5　118

トレーニング15　自己アピールをする

- トゥモロー基金奨学生に応募する　120
- 備前・花の祭典のレポーターに応募する　121
- 鳴門学園大学への編入志望動機を書く　122
- きのくに銀行に就職するためのエントリーシートを書く　123
- 中途採用の応募書類に転職理由を書く　124
- ガーナ親善学生大使の応募理由を書く　125
- 課題1〜5　126

著者紹介　128

この本を読んでくださるかたへ

■ この本を読んでくださる一般のかたへ

　この本は，今までの文章の書きかたの本とは，かなり違います。原稿用紙の使いかたとか，敬語とか，文の長さとか，そんなことばの表面的なことは，あまり出てきません。それより，こういう目的の文章を書くときには，どんな情報をどんな順序で書けばよいかというようなことを重視しています。

　文章例は，日常的で実用的なものばかりです。メールやメニュー，看板，広告，アンケート用紙，レポート，就職のためのエントリーシートなどです。

　この本は，読んでいるだけでは何も身につきません。文章例の悪い点を見つけ，それを書き直す「問題」を自分でやってください。どこから始めてもかまいません。わからないところや興味がないところは，飛ばしてください。

　「問題」には，答えがついていません。「正解」を知ることより，自分で考えることが大事だからです。よく考えたのであれば，答えが違っても，得るものがたくさんあるはずです。

　文章を書くときに大事なことは，どんな言語でも同じです。読む人のことをよく考えることです。この本によって身につけてほしいのは，文章の書きかたというより，結局は，読む人にたいする思いやりかもしれません。

■ この本をテキストにして授業を受けるかたへ

　この本をテキストにして行われる授業は，知識を与えられるようなものにはならないはずです。自分たちが問題点を発見し，それを解決することが要求されると思います。

　受け身の姿勢で授業を受けていては，何も身につきません。なんでも自分で考えるようにし，積極的に授業に参加してください。

「問題」を考えるときに大事なポイントは，次のようなことです。
 (1) この本では，それぞれの例に細かい状況設定がしてあります。自分がそのような状況にいる気になって，具体的に考えてください。
 (2) 自分がどう書きたいかではなく，こう書いたら，読む人がどう思うだろう，どういう意味にとるだろうということを考えてください。
 (3) 文章には個性も大事ですから，絶対的な「正解」はないと思ってください。正解より，とにかく「よく考える」ことが大事です。

この授業によって，読んだ人が不快に思ったり誤解したりしない日本語が書けるようになっていただければと願っています。また，この授業で学んだことを日常生活でも実践していただければ，とてもうれしく思います。

■ この本をテキストにして授業をなさるかたへ

この本は，大学や短大の「日本語表現法」や「文章構成法」の授業のテキストとして使いやすいように作ってあります。ゆっくり，ていねいに授業をすれば，1年間のテキストになります。受講者の興味に合わせて取捨選択して授業をすれば，半年間のテキストになります。

この本をテキストとしてお使いになるときは，できるだけ双方向的な授業をしていただくのがよいと思います。たとえば，受講者を2人から5人ぐらいのグループにわけて，各グループにそれぞれ1ページ分の問題を考えてもらい，その結果をみんなの前で発表してもらうという形が考えられます。

各課の最後に「課題」がついていますが，これは，授業の中でやっていただいてもよいですし，宿題として出していただいてもよいと思います。

なお，この本をテキストとして採用なさるか，採用を検討なさっているかたには，授業をするためのヒントを提供しています。詳しいことは，ひつじ書房にメール（toiawase@hituzi.co.jp）でお問い合わせください。

この本の姉妹編として，同じ著者，出版社で，話しことばを扱った『日本語を話すトレーニング』があります。あわせてお使いいただければ幸いです。

トレーニング 1
お知らせのメール

同窓会について知らせる

　大学生の前川さんの携帯電話に，高校のときの友だちの高井さんから同窓会のお知らせのメールが届きました。

送信者　margaret1125@softbank.ne.jp
日　時　4/8　22:34
件　名　元気？

久しぶり!! 元気？私のほうは学校始まったけど、そんなに忙しくないよ☆バイトしてた居酒屋がつぶれちゃってさ ^^; いいとこないかなあ?? ところで、ゴールデンウィークの土曜に同窓会しない？みんなとしばらく会ってないし、短大行った子なんて就職しちゃって普段会えないし (/_;) 場所はまだ決めてないけど、昔バイトしてた居酒屋なら安くしてくれるかも (^_^) 決めたら連絡するね!! これメアド知ってる人だけに送るから、メアド知ってたら他の人にも知らせといてくれないかなあ☆彡そう言えば、先生元気かな??

【問題 1】
　同窓会のお知らせとしてこのメールに不足している情報をあげてください。

【問題 2】
　このメールを読んだ人が混乱しそうな不必要な情報をあげてください。

同窓会のメールを書き直す

　同窓会のお知らせを受け取った次の日，前川さんはこのメールを送ってくれた高井さんとたまたま会いました。次の会話はそのときのものです。

会話1
　　前川：「居酒屋のバイト探してるんだって？」
　　高井：「別に，居酒屋でなくても何でもいいよ。」
　　前川：「でも，同窓会のメールにそう書いてなかった？」

会話2
　　前川：「5月3日は連休の真っ最中だけど，みんな集まるかなあ。」
　　高井：「土曜って書かなかったっけ？」
　　前川：「土曜って，5月3日だよね。」
　　高井：「4月26日のつもりだったんだけど。」

会話3
　　前川：「沢田くん，来るかなあ。」
　　高井：「部活の同窓会だから，来ないよ。」
　　前川：「ああ，そうなんだ。クラスの同窓会かと思ってた。」

会話4
　　前川：「あのメール，だれに出した？」
　　高井：「アドレスわかってる子には，かたっぱしから入れたけど。」
　　前川：「だれに出したかわからなかったから，だれにも転送してないよ。」

会話5
　　前川：「先生にも連絡した？」
　　高井：「ううん。だって連絡先，知らないもん。」

【問題3】
　この会話もヒントにしながら，高井さんのメールを書き直してください。書き直すときに必要な情報は，想像で適当に補ってかまいません。

ボランティアサークルの新入生歓迎会を知らせる

　張(ちょう)さんがパソコンでメールチェックをすると、大学のボランティアサークル「ステップ・ワン」から新入生歓迎会のお知らせが入っていました。

返信お願い：4/18(金)ステップワン新歓
natchitchi@ybb.ne.jp
送信日時：2014年4月10日 10:45
宛先：step_one-ml@club.hiu.ac.jp

ステップ・ワンの２年生，３年生，４年生の皆さん

コンパ担当の森本なつみです。次のようにステップ・ワンの新入生歓迎会を開きます。４月１６日（水）のお昼１２時までに，出欠の連絡を natchitchi@ybb.ne.jp までメールでお願いします。

●日時：４月１８日（金）午後１時～３時
●場所：カフェ・セリーヌ
　　　　東横線中目黒駅北口前 (03-6346-1217)
　　　　http://www.celine.co.jp（地図あり）
　　　　「国際大の森本」の名前で予約しています
●費用：２０００円（新入生を無料にするため少し高くなりました）

新入生には直接知らせるつもりです。去年と同じように，卒業生や学外協力者の方々には連絡していません。

【問題4】
　このメールはどこがわかりやすいか，どのような工夫がされているか，述べてください。さらに改良できるところがあれば，それも述べてください。

上田ゼミのゼミコンパを知らせる

　北大阪大学の上田ゼミでは，毎年2回か3回，ゼミコンパを行っています。今年のコンパ係になった横山さんは，ゼミのメンバーに次のようなメールを出しました。発信は，4月20日（日）の午前0時2分になりました。

> みんな元気？前にも言ってたゼミコンパの連絡です！来週の金曜日の6時から鍋貼菜館梅田本店で行います！！オープンしたばかりの評判の店です！！！みんなぜったい満足するよ！！！！！！来れない時は連絡してね★それと上田先生、伊藤君、石原さん、西野さんと連絡つかないから知ってる人教えてください (^_^)/~

【問題5】

　ゼミコンパの当日，次のような会話がありました。それぞれの会話も参考にして，このメールの問題点を述べてください。

会話1
　　店員：「いらっしゃいませ。何名様ですか。」
　　野口：「ええと，あのー，上田ゼミです。」
　　店員：「ええと，7時からご予約の大森工業の上田さまですか？」
　　野口：「いえ。ええと，だれが予約したのかなあ？　コンパ係，だれだったかなあ。」

会話2
　　横山：「あれ，一人？　後藤くんは？」
　　野口：「バイトで来れないって。」
　　横山：「えー。欠席の連絡なかったから，コース頼んでるのに。」

【問題6】

　このメールを，読んだ人がわかりやすいように，書き直してください。

先生に授業の長期欠席を知らせる

　太田くんは、交通事故で両足を骨折し、2か月ほど入院しなければならなくなりました。そこで、授業をとっている先生にメールを書きました。

　次のメールは、村井先生が太田くんから受け取ったものです。村井先生は、「中国語初級」や「中国語中級」、「中国の言語と文化」などの授業を担当している60歳ぐらいの先生です。ほかの大学でも授業を担当しているようです。

差出人　ore_da_yo_ore@ezweb.ne.jp
件名　入院
宛先　smurai@st.hgu.ac.jp
2014/05/23 15:33

２週間ほど前自転車に乗っていて車にぶつかって入院しました。２か月ほど授業に出られません。でもこの時間は来年は必修の専門の授業と重なるので絶対単位を取らないと困ったことになります。よろしくお願いします m(_ _)m

---

【問題7】
　村井先生はこのメールを見てどのように思うか、考えてください。

【問題8】
　このメールを受け取ったあと、村井先生はどんなことをすると思いますか。いくつかの可能性を考えてください。

【問題9】
　このメールを受け取ったあと、村井先生はどんなことを思い、どんなことをするかを考えたうえで、太田くんは村井先生にどんな情報を伝えるべきだったかを述べてください。

【問題10】
　このメールを、受け取った人がどう思うかを考えて、書き直してください。

英語の勉強会について知らせる

渡辺さんは，西口さんから次のような英語の勉強会についてのお知らせのメールを受け取りました。西口さんは，渡辺さんと同じ大学の同じ専攻の同級生ですが，それほど仲がよいわけではありません。

英語

" Saki Nishiguchi" <sknsgc@yahoo.co.jp>　　Sat, 10 May 2014 9:12:53
"渡辺こずえ" <watanabe_kozue@hotmail.com>

私たちの専門は英語ではありませんが、英語力はこれからの社会には欠かせません。また、英語の資格を持っていたほうが就職にも有利です。でも、大学の英語の授業だけでは力が付きません。英会話学校に行くとお金がかかります。そこで有志で英語の勉強会を開きたいと思っています。週1回くらい集まって、一緒に楽しく英語を勉強してみませんか。

【問題11】
　メールを受け取った渡辺さんはこのメールを見てどのように思うか，考えてください。

【問題12】
　このメールを受け取ったあと，渡辺さんはどんなことをすると思いますか。いくつかの可能性を考えてください。

【問題13】
　このメールを受け取ったあと，渡辺さんはどんなことを思い，どんなことをするかを考えたうえで，このメールの問題点を述べてください。

【問題14】
　このメールを，受け取った人がどう思うかを考えて，書き直してください。

課題 1

メールに慣れていないお母さんが、パソコンで次のようなメールを書いています。趣味で参加しているコーラスグループの人たちに出すメールです。このグループのメンバーは、メールに慣れた若い人が中心のようです。

宛先： chorus_gr@hukuoka-minami.or.jp
CC：
件名： コーラス

　新春の候、ますますご清栄のことと存じます。四月になって年度も改まり、新しい方々も入会されて、皆様と一緒に歌うことがいっそう楽しく感じられるこの頃です。また、このたびは私のような物がいきなり会計係という大役をいただき、私には役不足ではないかと不安に感じております。微力ながらも皆様のお役に立てればと思いますので、よろしくお願い致します。

　さて、皆様既にご承知のように、当会では四月と十月に会費を徴集しております。何かと出費の多い次期ではございますが、皆様とご一緒にコーラスを楽しんでいくためにも、やはりそれなりの費用が必要となってまいります。恐縮ではございますが、次回の練習の際に徴集させていただきたいと存じますので、ご用意いただければ幸いです。

　　　　　　　　　　　　　　　　　　　　　　かしこ

4月25日

　　　　　　　　　　　　　　　　　　　　　前田悦子

【問題 15】

このメールの問題点をできるだけたくさんあげてください。

【問題 16】

このメールを、問題点をなくした、よりよいものに書き直してください。

課題2
　サークルなどで新入生歓迎のためにハイキングすることになり，その幹事になったとします。目的地，集合時刻，集合場所，持ち物など必要な情報を入れたお知らせのメールを書いてください。

課題3
　自分が所属している部活やサークルの卒業生送別会の幹事になったとします。送別会の日時，場所のほか，その準備，記念品，費用のことなども考えて，在校生と卒業生に別々のメールを書いてください。

課題4
　今までにメールを受け取って感じたことがある問題点をあげてください。わかりにくいと思ったことや，誤解を与えやすいと思ったこと，トラブルになったことなどを，具体的な状況を述べながら，わかりやすく説明してください。

課題5
　メールを書くときに気をつけなければならない点をわかりやすくまとめてください。そのとき，よい例と悪い例をできるだけたくさん具体的に示してください。

トレーニング2
レストランのメニュー

わかりにくい「広島ラーメン紅葉」のメニュー

次のメニューは,「広島ラーメン紅葉」のものです。

ラーメン（醤油・味噌）	540
紅葉ラーメン（醤油・味噌）	650
野菜ラーメン（醤油・味噌）	650
五目麺（醤油・味噌）	750
ラーメン定食（醤油・味噌）	750
餃子定食（醤油・味噌）	900
唐揚げ定食（醤油・味噌）	900
餃子	320
唐揚げ	320
（大盛り150円UP　味噌100円UP）	

【問題1】
このメニューのわかりにくいところをできるだけたくさんあげてください。

【問題2】
このメニューを,お客さんにわかりやすいように作り直してください。メニューの構成や内容を少し変えてもかまいません。

わかりやすい「オリーブ」のメニュー

次のメニューは,「オリーブ」というパスタ屋さんのものです。

```
                    ピッツァ
         （お急ぎの方にお勧めです。量は少なめです。）
    マルゲリータ      ５００  トマトとバジルとモッツァレラチーズ
    カプリチョーザ    ６００  生ハムとオリーブとモッツァレラチーズ

                   スパゲッティ
         （注文をお聞きしてから１０分ぐらいかかります。）
    ペペロンチーノ    ６００  唐辛子とニンニクだけのあっさり味
    ペスカトーレ      ８００  シーフードがいっぱいのトマトソース
    カルボナーラ      ７００  半熟卵とチーズがとろけた濃厚な味

                     サラダ
    グリーンサラダ    ３００  レタスときゅうりとプチトマト
    トマトサラダ      ３００  トマトスライスとモッツァレラチーズ

                    デザート
    ジェラート        ３００  バニラといちごのイタリアン・アイス盛合わせ
    本日のケーキ      ３００  黒板のメニューからお選びください

                    ドリンク
    コーヒー          ３００  ４月～１０月はアイスにもできます
    紅　茶            ３００  ４月～１０月はアイスにもできます
    （ミルクかレモン）
                            （料金は消費税込みになっています）
```

【問題3】

このメニューのわかりやすい点や工夫されている点をあげてください。

注文しにくい「西安」のメニュー

次のメニューは，中華料理店「西安」のものの一部です。

	S	M
麻婆豆腐	380	580
青椒牛肉絲	580	880
回鍋肉	480	680
韮菜炒牛肝	480	680
日替わりランチ	780	
西安ランチ	980	
青島コース	2500	
厦門コース	3500	
四川火鍋	2500	
ビール	400	
杏露酒	350	
陳年花彫酒	500	
ウーロン茶	200	

【問題4】
　お客さんがこのメニューを見て注文するとき，注文しにくいところや，店の人に確認しないと不安になりそうなところをあげてください。

【問題5】
　このメニューを，お客さんが注文しやすいように作り直してください。メニューの内容を少し変えてもかまいません。

不親切な「アユタヤ」のメニュー

次のメニューは，タイ料理レストラン「アユタヤ」のものです。

ヤム・ウンセン（さっぱりしたい方に！）	５８０
きゅうりソムタム（イサーン料理の定番をきゅうりで！）	５８０
トート・マン・プラー（ビールのお供に最高！）	５００
ガイ・ヤーン（タイ風焼き鳥？）	５００
パー・ヌア（タイ風冷しゃぶ？）	６８０
トム・ヤム・クン（タイ料理と言えばこれ！）	８５０
カオ・パット（エビ・カニ）	６８０
イエローカレー（鶏肉・エビ・野菜）	８８０
グリーンカレー（牛肉・エビ・野菜）	８８０
レッドカレー（鶏肉・野菜）	８８０
ビール	５００
シンハービール	５００
ゴールドシンハー	５００
メコン	５００
ウーロン	２００

【問題 6】

このメニューは，タイ料理に詳しくないお客さんには不親切なものになっています。このメニューの不親切なところをあげてください。

【問題 7】

このメニューを，タイ料理に詳しくないお客さんにも親切なものに作り直してください。メニューの内容を適当に変えてもかまいません。メニューの内容が実際のタイ料理と違うものになってもかまいません。

お客さんがとまどう「ナマステ」のメニュー

次のメニューは，インド料理店「ナマステ」のものです。

ナン	300	チキンコルマ	800
ロティ	300	フィッシュマサラ	900
サモサ	300	日替わりランチ	800
グリーンサラダ	400	ナマステランチ	1500
ラッシー	400	カップルセット	2000
チキンサモサ	400	マハラジャコース	2500
アイスクリーム	400	国産ビール	500
マンゴージュース	500	インドビール	500
タンドリーチキン	600	ワイン	1500
シークカバブ	700	ソフトドリンク	200〜400
チキンマサラ	800	飲み放題	1200

【問題8】

このメニューを見たお客さんが次のような会話をしていることがあります。それぞれの会話を参考にして，このメニューの問題点を述べてください。

会話1

「よくわかんないなあ。カップルだから，カップルセットにする？」

「2000円って，1人の値段？」

「カップルセットだから，2人分の値段じゃない？」

「それだったら，いいけど。聞くの，恥ずかしいなあ。ほかのにする？」

会話2

「インドビールにしようか？ 国産ビールと同じ値段だし。」

「でも，量も同じなのかなあ。缶ビールが来たりして。」

【問題9】

この店では，お客さんと店の人がよく次のようなやりとりをしています。それぞれの会話を参考にして，このメニューの問題点を述べてください。

会話3
お客「アイスクリームは，どんなのがありますか。」
店員「バニラだけです。」
お客「じゃ，いいです。」

会話4
お客「ナマステランチってどんなんですか。」
店員「サモサと，お好きなカレーと，ナンかライス，それに，チャイかラッシーがつきます。」

会話5
お客「日替わりランチを2つ。」
店員「日替わりランチは，2時までです。」
お客「ええっ。どうしよう。ナマステランチもダメですよね？」
店員「いえ，ナマステランチは，いつでもできます。」
お客「あっ，そうなの？」

会話6
お客「あと，飲み放題を2人分ちょうだい。初めはビール持ってきて。インドビール。」
店員「飲み放題は，国産ビールとソフトドリンクだけです。」
お客「えっ，あかんの？　じゃあ，ビールとマンゴージュース。」
店員「マンゴージュースは入ってません。ソフトドリンクだけです。」
お客「ジュースはソフトドリンクちゃうの？　飲み放題，やめるわ。」

【問題10】

このメニューを，お客さんがとまどわないものに作り直してください。メニューの内容を少し変えてもかまいません。

課題1

次のメニューは，ビストロ「シェ・クロサワ」のものの一部です。メニューの中の「アミューズグール」は，日替わりの小さな前菜のことです。

レディースコース

アミューズグール

サーモンテリーヌ

または

南瓜のスープ

または

海の幸のサラダ仕立て（＋500）

鱸のポワレ

または

黒豚のロースト（＋500）

デザート

苺のタルトとメロンシャーベット

コーヒー

紅茶

ハーブティー

￥1,980

【問題11】

お客さんの側から見たこのメニューの問題点をあげてください。

【問題12】

このメニューをお客さんにわかりやすいように作り直してください。メニューの構成を大きく変えてもかまいませんし，メニューの内容を少し変えてもかまいません。

レストランのメニュー　23

> **課題2**

　レストランなどのメニューについて今までに感じたことがある問題点をあげてください。わかりにくいと思ったことや、誤解を与えやすいと思ったこと、トラブルになったことなどを、具体的な状況を述べながら、わかりやすく説明してください。

> **課題3**

　レストランなどのメニューを集め、それぞれのメニューについて、よい点と悪い点を述べてください。悪い点が多いメニューについては、書き直してください。

　メニューは、インターネットなどで集めたものでもかまいません。ただし、他人がその店を紹介しているページではなく、その店が作ったページからメニューを集めてください。

> **課題4**

　レストランなどのメニューを作るときに気をつけなければならない点をわかりやすくまとめてください。そのとき、よい例と悪い例をできるだけたくさん具体的に示してください。

> **課題5**

　お客さんにわかりやすく、店にとっても売り上げが多くなるような理想的なメニューを作ってください。どんなジャンルの店でもかまいません。自分が店を持つことになったと考え、好きなようにメニューの構成や内容を考えてください。そして、そのメニューを作るときにどんな工夫をしたかについても説明してください。

トレーニング3
問い合わせのメール

英会話サークルに活動内容を問い合わせる

　北田さんは，英会話サークル「九州芸術文化大学ESS」に入っていて，今年は新入生勧誘係をしています。アルバイトでは英会話学校の受付をしています。また，英会話についてのホームページも作っていて，メールアドレスを公開しています。

　北田さんは，ある日，次のようなメールを受け取りました。

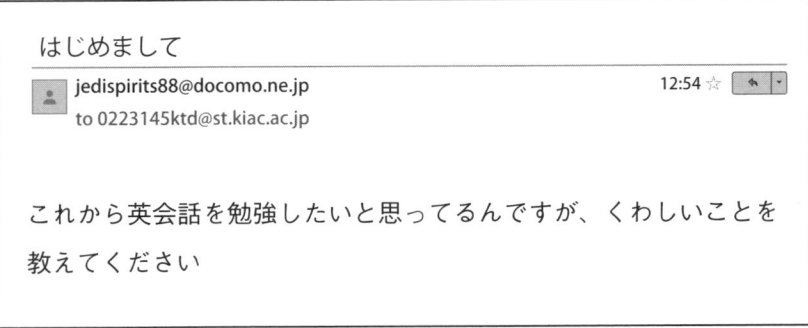

【問題1】
　北田さんはこのメールを見てどのように思うか，考えてください。

【問題2】
　九州芸術文化大学の新入生が英会話サークル「ESS」についての情報を得るためには，どんなメールを送ったらよいでしょうか。新入生がどんな情報がほしいかを想像しながら，そのメールを書いてください。

テニスサークルに練習時間などを問い合わせる

　大学のテニスサークル「ラブオール」で広報を担当している中村さんに次のメールが届きました。

Kenichi Sato　　　　　　　　　　　　　　　　2014年4月9日23:44
宛先：tnakamura@elmo.ci.hit.ac.jp
Question

　一度練習を見に行きたいのですが先に以下の点をお知らせください。

(a) 今まで部活に入っていませんでしたが毎日つまらないし部活に入ってないと就職に不利だと聞いたので入ろうと思いますが問題ありませんか？
(b) 授業とバイトがたくさん入っているので空いているのは火曜の4時半からと木曜の6時からだけです。その時間に練習できますか？
(c) 練習場所はどこでコートの種類はどんなんですか？
(d) 部員は何人くらいで男女比はどのくらいですか？

高校までは陸上をやっていてインターハイにも出たことがあるんですがテニスの経験はありません。

【問題3】
　このメールを見て中村さんはどのように思うか，考えてください。

【問題4】
　このメールを，受け取った人がどう思うかを考えて，書き直してください。

休んだ授業のレポートについて友だちに聞く

　北原くんは，休んだ授業のレポートについて聞くために，島村さんとLINEで連絡を取りはじめました。次に示すのは，島村さんのスマホで見た2人のやりとりです。

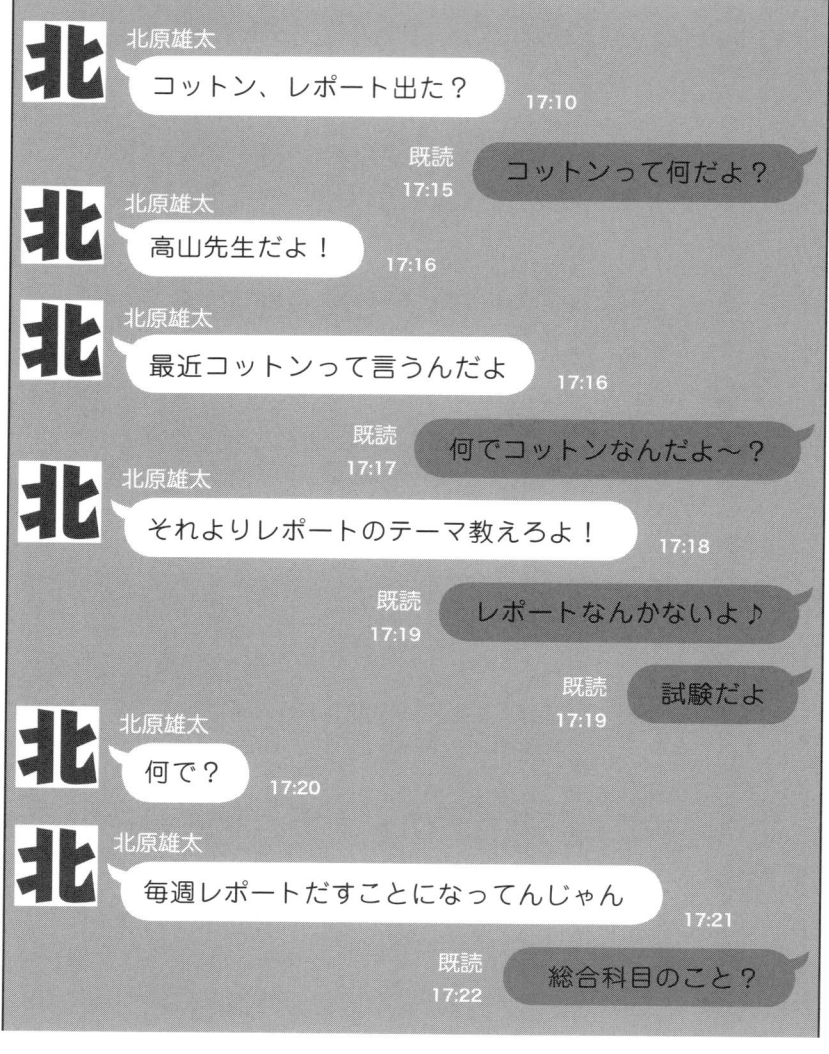

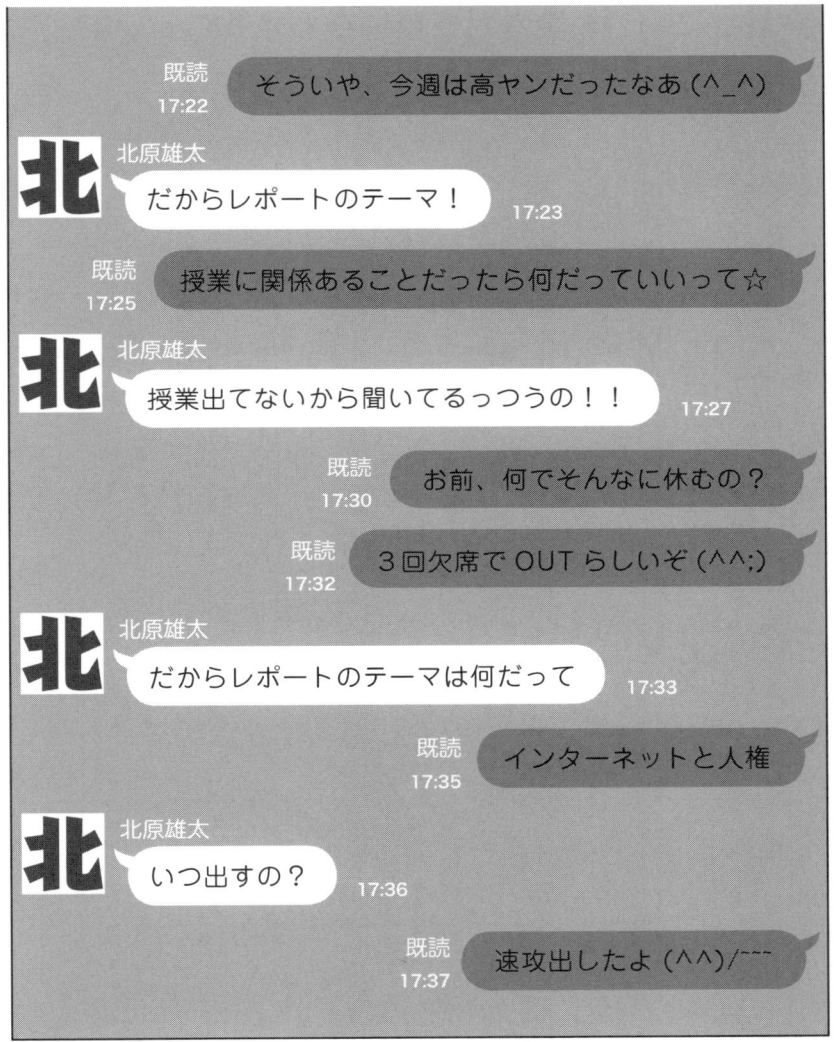

【問題5】
2人のやりとりはうまくいっていなくて，おたがいにイライラしているようです。どんなところに問題があるのか，具体的に述べてください。

【問題6】
北原くんの最初のメッセージを，情報が得られるように書き直してください。

ペンションに宿泊料金などを問い合わせる

　大木さんは8月に一人旅をしようと思い，インターネットで調べ，ペンション「ウッドペッカー」のホームページを見つけました。ところが，そのホームページには，宿泊料金や空室状況の情報はあるのですが，2人以上の宿泊料金しかなく，空室状況は7月までの分しか載っていません。そこで，問い合わせ用のアドレスに次のようなメールを送ってみました。

旅行

oki89476@gmail.com　　　　　　　　　　　　　　10:21
to woodpecker@nagano.jpa.or.jp

私は奈良情報大情報デザイン学部の2回生です。3回生になったら専門の勉強が忙しくなるので、今のうちにそちらに旅行に行きたいと思っています。一泊の値段や空いている日を教えてください。

　この大木さんのメールに，「ウッドペッカー」から次のような返事が来ました。

沖　様

ペンション・ウッドペッカーです。お問い合わせありがとうございます。料金は朝夕2食付きで2名様の場合、お一人1泊7500円ですが、人数や季節によって若干異なります。また、空室状況については下記ホームページに掲載しておりますので、ご覧ください。
http://www.pensions.or.jp/nagano/woodpecker

【問題7】

　「ウッドペッカー」からの返事を参考にして，大木さんの問い合わせのメールを書き直してください。

顧問の先生に新入生歓迎パーティーの日程の都合を聞く

東北中央大学のラクロス部の顧問をしている森野先生に，石山くんから次のメールが届きました。

石山直樹 ［rock-st@yahoo.co.jp］　　　　　　　　　　2014/04/22 17:39
宛先：morino@tanabata.cic.tcu.ac.jp
顧問の先生へ

新歓を連休前にしようとゆうことになったんですが，みんなバイトの都合とかがあって日を決めるのがむずかしかったんですが，25日だったら集まれる人が多そうなのでその日に決めたんですが，先輩が顧問の先生にも連絡してくれとゆうので，顧問の先生に連絡することにしました。先生の都合は大丈夫ですか？先生の都合が悪いと困ったことになります。予約の都合がありますから大至急お知らせしてください。お願いします。それから先生の授業を取ってるアキラがまだ授業に一回も出てないけどこれからがんばるので大丈夫か聞いてくれといってました。単位がとれないと留年することになるかもしれないので心配してました。もし今から授業に出ても大丈夫だったら，授業に出たいと行ってる友だちがいます。ぜひ教えてください。

【問題8】

このメールを読んで森野先生はどのように思うか，考えてください。

【問題9】

このメールを書き直してください。このようなメールを送るときは，どんなタイミングで，どのような内容のものを送るとよいかをよく考えて，書き直してください。メールの内容は大きく変えてもかまいません。

課題1

　前原さんは社会学のレポートの準備をしています。内容は高齢者の人口についてで，全国のさまざまな市町村の高齢者の人口推移について調べようと思っています。

　インターネットで高島市のホームページを調べたところ，現在の5歳きざみの人口はわかるのですが，これまでの人口の推移はわかりません。そこで，ホームページに書いてあった問い合わせ用のアドレスに次のようなメールを送ろうとしています。

人口

 mae.mae0623@live.jp　　Sun, 6 July 2014　11:35:27
　宛先：info@city.takashima.nagasaki.jp

高島市の高齢者の人口の推移を調べたいのですが、教えていただけるでしょうか？

【問題10】
　前原さんは，このメールで，ほしい情報を得ることができると思いますか。できないとすると，どうしてですか。

【問題11】
　前原さんがほしい情報が得られるように，このメールを書き直してください。

問い合わせのメール　31

課題2

　夏休みのアルバイトを探していると，友だちから，その友だちのお父さんの知り合いの花屋さんがアルバイトの学生を探していることを聞きました。正式な求人案内を出していないようで，期間，勤務時間，時給，仕事内容などがわかりません。その花屋さんに，必要なことを問い合わせるメールを書いてください。

課題3

　インターネットで買い物ができるホームページを見ていて，気に入ったバッグを見つけました。ところが，商品の紹介をするページにはベージュ色のバッグが載っているのに，申し込みのページにはベージュ色のバッグを選ぶところがありません。ベージュ色のバッグを買うことができるのかどうかを問い合わせるメールを書いてください。

課題4

　問い合わせのメールを書くときに気をつけなければならない点をわかりやすくまとめてください。そのとき，よい例と悪い例をできるだけたくさん具体的に示してください。

課題5

　勉学，趣味，アルバイト，旅行，ショッピングなど，なんでもいいですから，実際にどこかに何かを問い合わせるメールを書いてください。そして，そのメールを書くとき，どんな工夫をしたかについても述べてください。

　できれば，そのメールを問い合わせ先に送ってください。そして，返事がもらえ，自分がほしい情報が得られたかどうかについても報告してください。

トレーニング4
注意書きやサービス案内

北野大川ビルの中にある注意書き

　小さな飲食店がたくさん入っている北野大川(きたのおおかわ)ビルには，各階にお手洗いがあります。そのお手洗いは，ドアを入ってすぐのところに段差があり，ときどきけがをする人がいます。そこで，ビルの管理人はトイレの入り口の床に「足元注意」とペンキで書きましたが，効果がありません。

【問題1】
　お手洗いを使うお客さんに段差があることをはっきり伝えるためには，どこにどのような注意書きをするのがよいでしょうか。

　このビルには各階に非常口があり，非常口のドアのところに右のような掲示があります。

【問題2】
　この掲示の問題点をできるだけたくさんあげてください。

【問題3】
　この掲示を，問題点をなくした，わかりやすいものに書き直してください。

> このドアは非常口です。地震や火事のとき以外は決して開けないでください。非常時以外に故意にこのドアを開けた場合は条例により罰せられることもあります。このドアを開けるにはノブを掴んで右に回しながら押してください。ドアが1cm以上開いた時点で非常ベルが鳴ります。

工事を知らせる案内の看板

　車で走っていると，右の図のように，前のほうの交差点にバリケードができていました。まっすぐ行きたかったのですが，直進は無理のようです。
　バリケードのところには，次のような看板が出ていました。

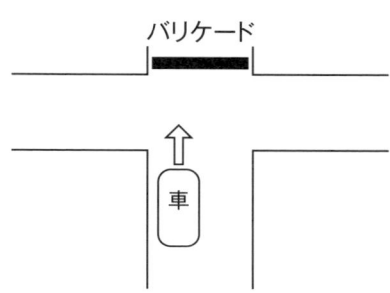

　　　　　　　　お　知　ら　せ

　この度は私共ＮＴＳの工事により御迷惑をお掛けします。工事は六月二三日より二週間を予定しております。期間中は申し訳ございませんが迂回路を御使用していただくよう御願いします。工事はお客様が私共のサービスを気持ちよくお使いいただくために是非必要なものですので宜しく御理解下さいますよう御願い申し上げます。

　平成 26 年 6 月 14 日

　　　　　　　　　　　　　　　施工主　ＮＴＳ大浜営業所
　　　　　　　　　　　　　　　施工者　小林建設 (株)

【問題 4】
　この看板のわかりにくい点や不親切な点をできるだけたくさんあげてください。

【問題 5】
　この看板をわかりやすく作り直してください。

西町児童公園の中にある注意書き

　西町児童公園のブランコはかなり古くなってきたため，乗ると鎖が切れてしまうかもしれず，危険です。ブランコの支柱に「危険」と書いた注意書きがはってありますが，子どもたちがときどきブランコに乗って遊んでいます。

【問題6】
　だれもこのブランコに乗らないようにするためには，どのようにすればよいでしょうか。

　この公園には花壇があり，その横に芝生が生えているスペースがあります。芝生が育つあいだ，人が入らないように，花壇の横に次のような注意書きを立てましたが，効果がありません。

　　　　　　　　　　　　　　　ハイラナイデクダサイ

【問題7】
　芝生に人が入らないようにするためには，注意書きの場所や書きかたをどうすればよいか考えてください。

　この公園を斜めに横切ると近道になるため，自転車でこの公園を通っていく人がいます。公園で遊んでいる子供に自転車がぶつかり，子どもがけがをすることがあります。公園の入り口には右のような看板があるのですが，効果がありません。

　　　　　　　　　　　　　　　自転車の方はここからいけません。ここは駐輪禁止です。

【問題8】
　自転車に乗っている人は，この看板を見て，どのような意味だと考えるでしょうか。

【問題9】
　この看板をわかりやすく書き直してください。

北九州ゲームショーの入場案内

　山田くんは，北九州ゲームショーというイベントにはじめて行きました。

　会場の入り口の手前では，係りの人が右のような案内のプラカードを持って，入場者を誘導していました。山田くんは，このプラカードを見て，物販コーナーは無料で入れるのだと思い，その列に並びました。

　ところが，入り口まで来ると，みんなチケットを出しています。山田くんは，チケットがなかったため，もう一度，当日チケットの列に並び直さなければなりませんでした。

> お並びください
> ・当日チケットをお求めの方は左に
> ・前売りチケットをお持ちの方は正面へ
> ・物販コーナーに行かれる方は右に

【問題10】
　物販コーナーに入るにはチケットが要らないと山田くんが誤解したのは，この案内のどこに原因があったのだと思いますか。

【問題11】
　この案内の問題点をできるだけたくさんあげてください。このゲームショーの主催者が考えていたお客さんの入場方法は，次のとおりです。
- ・前売り券を持っていない人は，左側の当日券売場で当日券を買ってもらう。
- ・前売り券を持っている人も当日券を買った人も，正面と右の入り口から入ってもらう。
- ・会場は一般展示コーナーと物販コーナーにわかれているので，最初に行きたいコーナーによって，正面と右の列にわかれて並んでもらう。

【問題12】
　この案内をわかりやすく書き直してください。

ホテルセレッソ仙台のサービス案内

　ホテルセレッソ仙台の客室には，サービス案内のファイルが置いてあります。そこには，たとえば，次のようなことが書かれています。

ミニバー

　ミニバーをご利用の際はご利用伝票に必要事項をご記入の上、フロントまでお持ちください。

＊ご滞在中は係の者が集計させていただきます。

レストラン

　ご朝食からご昼食、ティータイム、ご夕食まで、レストラン・オンディーヌでぜひくつろぎのひとときをお過ごしください。

モーニングコール

　お電話でモーニングコールの設定ができます。

　　　＊9＋ご希望の時間

　　例　午前10時30分の場合

　　　＊9＋1030

チェックアウト

　チェックアウトは午前10時です。

＊ご延長をご希望の場合はフロントまでご連絡ください。

【問題13】

　このサービス案内の不親切な点をできるだけたくさんあげてください。

　この案内にある「ミニバー」は，ビール，缶チューハイ，ソフトドリンクなどのことで，このホテルではそれらはすべて冷蔵庫に入っています。

【問題14】

　このサービス案内をわかりやすく書き直してください。

「ベーカリー 麦の色」の割引券

　丸井さんが，高校や大学の通学路に面した場所に，「ベーカリー 麦の色」という小さなパン屋を開店することになりました。開店してから，リピーターのお客さんを増やすために，店でパンを買ってくれたお客さんに次のような割引券を渡すことにしました。

割　引　券

全ての商品を一割引致します（一部除外品が御座います）
御使用は御一人様一回一枚限りで御座います
割引券の御呈示なき場合は割引は致しかねます
他の割引券との併用は御遠慮申上げます
この割引券を他人に譲渡することは御遠慮申上げます
この割引券を現金と引換えることは御容赦願います
有効期限は発行日より九十日間

　　　　　　　　　　　　　　　発行日　　月　　日

【問題15】
　この割引券のわかりにくい点や不便な点，おかしな点をできるだけたくさんあげてください。

【問題16】
　この割引券の問題点を解決した割引券を作ってください。お客さんに喜ばれ，お客さんが増えそうなものにしてください。そのために割引券の内容を少し変えてもかまいません。

課題1

近所の図書館に行くと、入り口の横にある掲示板に次のような張り紙がありました。

ご　案　内

一、ここは本を読むところです。勉強しないでください。

一、本の貸し出しは一人三冊までです。

一、貸し出し期間は二週間です。

一、カードのない方には貸し出しできません。

一、本をコピーする方は必要事項を書いてカウンターに出してください。

一、新しい雑誌はコピーできません。

一、飲食禁止。

一、煙草は喫煙コーナーで。

一、ここはおしゃべりをするところではありません。

一、マナーを守って気持ちよく使いましょう。

【問題17】

この張り紙にある情報を整理したうえで、この張り紙を書き直してください。必要があれば、2枚以上の張り紙にしてもかまいません。また、その張り紙をどこにはるのがよいかについても考えてください。

注意書きやサービス案内

課題2

　川島くんは，スキー場のレストランで，ミートソーススパゲッティの食券を買い，「麺類」と書かれた看板のところに並びました。順番が来て食券を出すと，「スパゲッティはアラカルトのところに並んでください」と言われ，もう一度，列のいちばん後ろに並ばなければなりませんでした。

　川島くんのような間違いが起きないようにするためには，レストランのレイアウトをどのようにし，どこにどのような表示をしておくのがよいか，考えてください。そのとき，そのレストランにはどんなメニューがあるかを想像し，お客さんがうまくわかれて並んでくれるように工夫してください。

課題3

　ホテルや旅館，ペンションなどの宿泊施設に置いておくサービス案内を作ってください。その宿泊施設がどんな場所にあり，どんな目的で来るお客さんが多いかなどをしっかり想定したうえで，お客さんの知りたいことがすぐわかるようなものを作ってください。そして，そのサービス案内を作るときにどんな工夫をしたかについても説明してください。

課題4

　注意書きやサービス案内を作るときに気をつけなければならない点をわかりやすくまとめてください。そのとき，よい例と悪い例をできるだけたくさん具体的に示してください。

課題5

　実際にある看板や注意書きを集め，よいと思うものや問題点が多いと思うものを選んでください。そして，それぞれのよい点や悪い点を具体的に述べてください。悪い点が多いものについては，書き直してください。

トレーニング 5
お願いのメール

先生に本の貸し出しをお願いする安易なメール

　ニコラス大学で社会学を教えている青島先生は，ある日，次のようなメールを受け取りました。

```
from monkey5959@ezweb.ne.jp                    2014/06/15 19:27
宛先： aoshima@socio.nicholas.ac.jp
（件名なし）

先生の所にあるメディア産業と新しい広告媒体を借りたいんです
が，レポートの締め切りが近いので明日の昼休みに取りに行きます。
よろしく m(_ _)m
```

【問題1】
　青島先生はこのメールを見てどのように思うか，考えてください。
【問題2】
　青島先生がこのメールを受け取ったあと，どのような行動をとる可能性があるかを考えて，このメールに不足している情報をできるだけたくさんあげてください。
【問題3】
　このメールを，受け取った人がどう思うかを考えて，書き直してください。

先生に本の貸し出しをお願いする配慮あるメール

次のメールは，星山学園大学の北尾先生が受け取ったものです。

お願い：『保育カウンセリング』の貸し出し
西村有希
送信日時：2014年6月20日 金曜日 14:24
宛先：takakok@hoshiyama-u.ac.jp

北尾先生

木曜2限の「カウンセリングⅡ」を受講している幼児教育学科の西村有希です。先生の授業のレポートを書くために，図書館で次の本を検索したら，先生の研究室にあることがわかりました。できれば1週間ほどお借りしたいのですが，よろしいでしょうか。

  上原 博『保育カウンセリング 実践編』ムートン書房，2011年

お借りできるなら，研究室にうかがいます。火曜と木曜の午後は大学にいませんが，それ以外の曜日・時間を指定してくださったら，うかがいます。

ご連絡は，０８０－７８０７－４９３０でも結構です。

お手数ですが，よろしくお願いします。

【問題4】
 このメールはどこがわかりやすいか，どのような工夫がされているか，述べてください。さらに改良できるところがあれば，それも述べてください。

先生にレポートの提出期限を延ばしてもらう

　高木さんは，石田先生の「情報倫理学」を受講しています。ところが，レポートが7割ぐらいできたところで，おばあさんが危篤になり，急に遠くの実家に帰らなければならなくなりました。レポート提出の期限はあさってです。高木さんは，スマホを使って大学のホームページを調べ，石田先生のメールアドレスを見つけて，次のようなメールを書きました。

> 今日急に、実家に帰ることになりレポートの締め切りに間に合いません！期限を延ばしてほしいんですが駄目ですか？

少したって，石田先生から次のようなメールが来ました。

> 石田＠福情大です。レポートの期限を延ばしてほしいとのことですが，実家へ帰る理由は何でしょうか。提出期限が迫っていますが，まだ何もできていないのでしょうか。そうだとすれば，少々期限を延ばしても同じではないですか。どちらにしても，至急，正確な氏名や受講科目名，詳しい事情，今後の予定などを知らせてください。

　石田先生のメールを読んで，高木さんは自分のメールの書きかたがよくなかったことに気がつきました。

【問題5】
　石田先生のメールも参考にしながら，高木さんのメールの問題点を考えてください。

【問題6】
　石田先生がこのような返信をしなくてもすむように，高木さんのメールを書き直してください。

お店の人に忘れ物を探してもらう

　水野さんはゴールデンウィークにアウトレットモール Century(センチュリー) に行き、何軒かの店でワンピースを試着しました。3日ほどたって、大切なイヤリングがないことに気がつきました。もしかすると、試着のときに落としたのかもしれません。そこで、Century のホームページに載っていたメールアドレスに次のようなメールを書きました。

> ゴールデンウィークに買い物をしたのですが、どこかの店でイヤリングを忘れてきてしまったみたいなのですが、探してもらえませんか。

このメールにたいして、Century から次のような返事が来ました。

> 先日は Century をご利用いただき、ありがとうございました。
>
> お問い合わせのイヤリングの件ですが、お忘れ物に関しましては、当モールでは各テナントに一任しております。お手数ではございますが、水野様のお寄りになりましたテナントの方までお問い合わせいただければ幸いです。各テナントのメールアドレスと電話番号は下記のサイトに掲載しておりますので、よろしくお願い致します。
>
> http://www.outlet-century.com/shops/index.htm

【問題7】

　イヤリングを落としたかもしれないと思う何軒かのお店に出すメールを書いてください。

フリーマーケットへの協力をお願いする

　原口さんのクラスでは，大学祭でフリーマーケットを開くことになりました。ところが，大学祭の日が近くなってきても，マーケットに並べる商品が集まりません。そこで，原口さんは，大学の演劇サークル「クリップボード」の友だちや高校のときの同級生に，協力をお願いするメールを，メーリングリストを使って送りました。（メーリングリストは，トレーニング12で扱います。）
　次のメールは，高校のときの同級生の一人が受け取ったものです。

```
差出人  1303425hm@iec.agu.ac.jp                       2014/10/24 12:06
件名    [JUJI02-2:000125]フリマ
宛先    clipboard@ml.agu.ac.jp
Cc: "3年2組" <juji02-2@educet.plala.or.jp>,"関口誠"
    <sekiguma@d7.dion.ne.jp>,"川島エミ" <emi-egao-ka@hotmail.com>

クリップボードの皆さん＆旧３年２組の皆さん

こんにちは★原口です。今度大学祭でクラスでフリマをすることに
なったんですが商品がそろいません。皆さんのおうちにフリマで売
れるようなものが余っていたら協力してもらえないでしょうか。よ
ろしくお願いしま〜〜す。
```

【問題8】
　1週間たっても，返事がほとんど来ませんでした。どんな原因が考えられますか。このメールを受け取った人の立場に立って考えてください。

【問題9】
　フリーマーケットに並べる商品がたくさん集まるように，このメールを書き直してください。

買い物のお願いに返事を書く

　北海道の大学に行っている香織（かおり）さんは，夏休みに静岡に帰省するつもりです。その帰省の途中に，東京にいる友だちの家に寄って，1週間ほどそこにいる予定で，今から楽しみにしています。ところが，静岡にいる高校のときの同級生の愛（あい）さんから，次のようなメールが届きました。

> カオリン、元気？　8月の初めに帰って来るって言ってたよね。そのときでいいんだけど、生チョコ買ってきてくれない？　前もらったのおいしかったから。友達にも配りたいからたくさん欲しいな。お金は後で払うから。じゃ、よろしく☆

　生チョコはあまり日持ちせず，また，持ち運びのときには冷たくしておかなければなりません。東京の友だちの家に寄ってから静岡の実家に帰るのだと，生チョコの賞味期限が過ぎてしまうかもしれません。かといって，東京の友だちの家へ行くのを取りやめたくはありません。

【問題10】
　香織さんが愛さんのメールに返事を書くとき，どのようなことに気をつけたらよいと思いますか。

【問題11】
　愛さんのお願いを断る返事のメールを書いてください。愛さんが気分を悪くしないように，工夫して書いてください。

【問題12】
　愛さんのお願いをそのまま受け入れることはできないので，代案を提案することにして，その返事のメールを書いてください。前もって愛さんに聞いておいたほうがいいことをきちんと盛り込んだメールにしてください。

課題1

京都北山大学で英語やオーストラリアの文化を教えている松本先生は，あるとき，次のようなメールを受け取りました。

```
初めまして
yossykn@softbank.ne.jp                          23:55 ☆  ↩
to matsumoto@lc.k-kitayama.ac.jp

初めまして。私は来年度の3月に短大を卒業する予定なのですが、卒業後はぜひ松本先生の下で勉強したいと思っています。それについて何かアドバイスをいただけるないでしょうか。よろしくお願いいします。
```

このメールを読んだ松本先生は，一人で次のようにつぶやいています。
「この人，何を勉強したいんかなあ？　短大で何を勉強してるんやろ？　来年，編入試験，受けるんかな。ようわからんなあ，何を聞きたいんか。面倒やな，こんなんに返事書くの。」

【問題13】
このメールを受け取った松本先生の気持ちになって，このメールの問題点をあげてください。

【問題14】
松本先生に気持ちよく返事を書いてもらうためには，どのようなことに気をつけてメールを書かなければならなかったと思いますか。

【問題15】
このメールを書き直してください。つけ加えたほうがよい情報は，想像で適当に補ってかまいません。

お願いのメール　47

課題2

　ほとんどの授業にまじめに出席していたのに，地域経済論の授業だけはあまり出ていなかったとします。この科目の試験まで，あと3日しかありません。友だちにノートを貸してくれるようにお願いするメールを書いてください。そして，そのメールを書くときにどんな工夫をしたかについても説明してください。

課題3

　自分の出身地の国際交流協会が，姉妹都市にある大学に1年間留学する奨学生を募集しているのをインターネットで見つけたとします。その奨学生に応募しようと思うのですが，提出書類の一つとして先生からの推薦状が必要です。推薦状を書いてもらうお願いのメールを先生に書いてください。そして，そのメールを書くときにどんな工夫をしたかについても説明してください。

課題4

　お願いのメールを書くときに気をつけなければならない点をわかりやすくまとめてください。そのとき，よい例と悪い例をできるだけたくさん具体的に示してください。

課題5

　今までに送ったり受け取ったりしたお願いのメールとその返事を集めてください。自分のメールを保存していない場合は，他人のメールでもかまいません。その中から，よいと思うところが多いメールや問題点が多いと思うメールを選んで，それぞれのよい点や悪い点を具体的に述べてください。問題点が多いメールについては，書き直してください。

トレーニング 6
お店やイベントの広告

情報誌に載せる「真っ赤なトマト」の広告

　パスタハウス「真っ赤なトマト」が地域の情報紙に載せる広告として，A案とB案を作りました。

A　案

～ 夏の新メニュー登場 ～

スパゲッティ・ポモドーロ	¥780
ウニとトマトの冷製カッペリーニ	¥880
アンダルシア風ガスパチョ	¥580
アイスカフェ・マキアート	¥380

春のランチセットは6月から夏のランチセットとしてさらにバージョンアップしてご提供します。

パスタハウス　真っ赤なトマト

http://www.makkanatomato.co.jp

B 案

パスタハウス　真っ赤なトマト

ランチセット　　　980〜

ディナーセット　　1,280〜

貸し切りパーティー　　2,500〜

ぜひ一度御来店して下さいませ。
皆様のお越しをスタッフ一同心よりお待ち申し上げます。

福岡県福岡市中央区薬院 1-9-25

【問題1】
　A案とB案は，それぞれどんな人にたいする広告として効果的でしょうか。1回限りの広告か定期的に出す広告かということも考えてください。

【問題2】
　パスタハウス「真っ赤なトマト」の広告のA案について，わかりにくい点や広告として効果的とは言えない点をできるだけたくさんあげてください。

【問題3】
　パスタハウス「真っ赤なトマト」の広告のB案について，わかりにくい点やおかしな点，広告として効果的とは言えない点をあげてください。

【問題4】
　地域の情報紙に載せる広告として，A案やB案よりよいものを1つ作ってください。A案かB案をベースにしてもかまいませんが，広告のスペースは大きく変えないでください。そして，どんな人に見てもらうと想定して，どんな工夫をしたかについても述べてください。

「アンサンブル青山」の新入生勧誘チラシ

大学のサークル「アンサンブル青山」では，新入生の部員を勧誘するために，次のようなチラシを作って，入学式の日に新入生に配ることにしました。

大学生活を楽しく過ごしてみませんか？

初心者歓迎。親切に指導いたします。

中級者も歓迎。いっしょに上手になりましょう。

上級者も大歓迎。将来リーダーになってください。

現在オーケストラ・アンサンブル金沢で活躍中
の岩下信也氏もかつて指導していただきました。

（秋の演奏会のバイトも受付中！）

連絡先　080-8262-0774
部室　学生会館別館2F203
アンサンブル青山

【問題5】
　新入生がこのチラシを受け取って，どのように感じるのかを考えながら，このチラシの問題点をあげてください。

【問題6】
　このチラシを作り直してください。特にこのサークルに興味を持ちそうな新入生がチラシを見て，どのようなことを感じ，どのような行動をとるのかをよく考えて作ってください。

お店やイベントの広告　51

「エービー塾第 5 期生公演」のチラシ

　「エービー塾」で演劇を学んでいる友だちから「公演を見に来て」と言われ，次のチラシをもらいました。

　中山市立エービーホールが 5 年前から開講している若手演劇人養成プログラムエービー塾では，このたび第 5 期生公演を開催することになりました。今年からお勤め帰りにご来場いただけるように開演時間を一時間繰り下げました。多数のご来場をお待ちしております。

　　　夢の時間
　　　演出　野田秀子
　　　主演　藤原紀子

　　　悪魔たちの子守歌
　　　演出　坂本ケイコ
　　　主演　リュウ

　　　仮名手本忠臣蔵かな？
　　　演出　シャラン寺田
　　　主演　木村義男

　　　プリティガール Part2
　　　演出　北川恵利加
　　　主演　岩森いずみ

2014 年 6 月 27 日　　7 時開場　7 時半開演
前売り 1000 円　一般 1500 円　学生 1200 円　シニア割引 500 円
主催　エービーホール／後援　中山市・中山市教育委員会／協賛　中山市中央公民館・中山市青少年育成協議会・中山市文化振興協議会・中山市観光協会・中山市社会福祉協議会・中山市商店街連合会

未来へと共に生きよう女と男
男女共同参画宣言都市　中山市　　　　　エービーホール　072-264-8412

【問題 7】
　一般の人に来てもらうためのチラシとして，どんな問題点がありますか。

【問題 8】
　このチラシを作り直してください。

「料理旅館　浪の華」の広告

　石川県の能登半島にあり，新鮮な魚料理が自慢の「料理旅館　浪の華(なみのはな)」が9月に関西の地域情報紙に次のような広告を載せようとしています。

　　　　　日本海に沈む夕日が見られる宿

　　　　　　　料理旅館　浪の華

　露天風呂はありませんが、展望風呂からは日本海が望めます。
　春はイサザ、夏は岩ガキ、秋は松葉ガニ、冬は寒ブリが楽しめます。
　　海進丸で海釣りにご案内いたします。（荒天時は不可。）

　ご宿泊料金　　９、０００～（浪の華会席）
（3名様は２、０００円、2名様は３、０００円、休前日は２、０００円、春、夏、冬休み期間は１、０００円、年末年始、お盆は４、０００円の追加料金をいただきます。）

　┌─────────────────┐　　　ご予約、お問い合わせは
　│輪島駅から無料送迎あり│
　│（事前にご予約ください）│　　　石川県輪島市大野海岸通り
　└─────────────────┘　　　　(おんなむやみに)　(つうわ)　(なみのうはな)
　　　　　　　　　　　　　　　　　０７６８－２０－７３０８

【問題9】

　関西の地域情報紙の読者がこの広告を見て，どのようなとまどいを感じるのかを考えながら，この広告の問題点をあげてください。

【問題10】

　この旅館のセールスポイントを考えたうえで，この広告をわかりやすく効果的なものに作り直してください。広告の内容や料金システムを変えてもかまいません。

「カフェ・アキノ」のポイントカード発行のチラシ

　店内で飲食ができ，コーヒー豆などの販売もしている「カフェ・アキノ」が，ポイントカードを発行することになりました。その宣伝のために，次のようなチラシを作りました。

　　　　　　　７月１０日からポイントカードを発行します

１　どなたでもすぐ会員になれます。
２　お買い上げ500円ごとに1点を加算します。
３　20点で素敵な商品を差し上げます。
４　50点、100点に達したお客様には豪華な特別プレゼントが当たります。
５　会員の方には季節ごとに割引クーポンを進呈します。
６　ポイントカードを紛失された場合、再発行は致しません。
７　氏名、住所、電話番号に変更があったときは、すみやかにご連絡ください。

　　　　　　　　　　　　　　　　　　　　　　　　　　カフェ・アキノ
　　　　　　　　　　　　　　　　　　　　　　　　新町５丁目２番１１号

【問題11】
　このチラシのわかりにくい点や，このポイントカードの魅力を伝える案内として不適当だと思うことをできるだけたくさんあげてください。

【問題12】
　このチラシを作り直してください。お客さんにわかりやすく，たくさんの人がポイントカードを持ちたくなるようなものにしてください。

課題1

次のメールは，「新生堂サイバー社」という出版社から来た広告です。

■お断り

このメール「新生堂サイバー社ニュース」は不用の御連絡を頂いてない方にお送りしています。不用の御連絡をされていて謝って今回のメールが届けられた方はお手数ですが stop@shinsei-cyber.co.jp 宛てにメールを送り下さい。担当者一人で手作業で登録・解除を行っていますので不備な点も多いと思います。お許し下さい。なお停止のご連絡を頂きます時はこちらが発想しているメールアドレスを教て下さい。転送されて回ってきたメールアドレスを教えて頂いても停止はできないからです。止めて欲しいと何度も連絡をいただき非常にお怒りになった方が前の勤め先から転送する設定にされていたのを忘れていたと言う事がありました。このような場合原因を突き止めるのに多大な時間が掛かる事があります。こちらも誠心誠意対応していますので御強力を宜しくお願い致します。

■今月の新刊

5日発売　遠藤美和　共生の思想　2,800
　　　　　伝説のファイター STAGE5 攻略ガイド　980
　　　　　山本正監修総合栄養大学編　管理栄養士への道　1,500
10日発売　ロボ・ミクス・ゼロ攻略 BOOK　1,200
　　　　　山上清彦　自閉症と現代社会　2,500
20日発売　ダイエット研究会編　すぐできるカロリー計算　1,200
　　　　　ピグモン公式攻略マニュアル　2,000

【問題13】

この広告メールの問題点をあげたうえで，これを作り直してください。

課題2

　新聞や雑誌，チラシなどからお店の広告を集め，それぞれの広告について，よい点と悪い点を述べてください。悪い点が多い広告については，書き直してください。

課題3

　新聞や雑誌，チラシなどからイベント（コンサート，映画，講演会など）の広告を集め，それぞれの広告について，よい点と悪い点を述べてください。悪い点が多い広告については，書き直してください。

課題4

　お店の広告を試作してください。どんなジャンルの店でもかまいません。どんな大きさの広告をどこに出すかなどをよく考えて，お客さんにわかりやすく，お客さんがたくさん来てくれそうな広告を作ってください。そして，その広告を作るときにどんな工夫をしたかについても説明してください。

課題5

　イベント（学園祭，演奏会，演劇の公演など）のチラシを試作してください。そのとき，どこでどんな人にそのチラシを配るのかをよく考えてください。そして，そのチラシを作るときにどんな工夫をしたかについても説明してください。

トレーニング7
わかりやすいマニュアル

スマホでのメールの送りかた

　坂田くんのお母さんは携帯電話をスマホに買い換えました。坂田くんはお母さんから「メールの送りかたがわからないので，簡単な説明を書いてほしい」と頼まれ，次のようなマニュアルを手書きしました。

連絡先の入れかた

1. 連絡先をタップし、右上のプラスをタップし、姓名を入力
2. ＋メールを追加をタップし、メアドを入力
3. 完了をタップ

ホーム画面からのメールの送りかた

1. メールをタップしてから、右下の□と鉛筆マークをタップ
2. 右のプラスをタップ
3. 表示される連絡先の中から送信する相手を選択
4. アドレスが複数ある場合は、差出人をタップし、アドレスを選択
5. 件名と本文を入力したら、右上の送信をタップ

【問題1】

　このマニュアルだと，お母さんはうまくメールを送れなかったようです。お母さんにもわかるようにマニュアルを書き直してください。機種によって操作が異なる場合は，その機種に応じたマニュアルにしてください。

中華料理店の接客マニュアル

　島田くんは，中華料理店でアルバイトをしています。これまでアルバイトの店員は島田くんを含めて2人だけだったのですが，営業時間を長くしてお客さんも増えてきたため，あと2人雇うことになりました。島田くんは，店長に言われて，新しいアルバイト店員のために，次のような接客マニュアルを作りました。

客への接客マニュアル

自分が接客中でないときに来店客があればどこにいてもいらっしゃいませと大きな声で言う。

店に入ってきて案内を待っている客がいたら、どちらでもお好きなところへどうぞと言う。

レジに客が来たらすぐにありがとうございましたと言う。

客がテーブルについたら、人数分の水と伝票を持っていく。

まず客の数を書く。

注文を聞いて各メニューのオーダー数を書く。

注文を復唱する。

レジに向かって歩いている客を見つけたら、すぐにレジに入る。

声を出しながらレジを打つ。

レジの打ち方はレジのマニュアルを見る。

【問題2】
　新しいアルバイト店員は，このマニュアルを見ても，なかなか仕事のしかたを覚えられないようです。このマニュアルの問題点をあげてください。

【問題3】
　このマニュアルを，はじめての人にもわかりやすく書き直してください。

ご飯の炊きかたと味噌汁の作りかた

　森下さんは家族４人で住んでいます。ある日，中学生の弟の浩平くんが一人で留守番をすることになりました。浩平くんは，料理に慣れていないので，夕食のおかずはお総菜を買ってきますが，ご飯と味噌汁(み そ)は自分で準備するつもりです。森下さんは浩平くんに頼まれて，ご飯の炊きかたと味噌汁の作りかたをパソコンで書いて印刷しました。

味噌汁の作りかた

- まず、鍋にお湯を八分目沸騰させて、粉末出汁を入れる。
- 出汁は鰹節の横にあったと思う。
- 次に、豆腐を適当な大きさに入れる。
- 味噌をお玉半分ほど入れる。
- そのとき、お玉の中で溶きながら入れるのが、ミソ！（笑）
- 最後に、乾燥若芽を少しだけ入れて、できあがり。
- 乾燥若芽も鰹節の辺り。
- 葱は冷蔵庫に刻んだのがあるから、それを入れてもおいしいよ。

御飯の炊きかた

- 最初に、米三合を水で三四回研ぐ。
- お米は、台所の下の袋の中。
- それから、水を入れて、30分浸ける。
- 炊飯器の電源を入れる。
- 炊飯器のスイッチを入れる。
- 炊けたら音がするので、杓文字でふっくらと混ぜ合わせる。
- 炊き終わったら勝手に保温になるので、冷めない。

わかりやすいマニュアル　59

　外出から帰った森下さんが浩平くんと次のような会話をしています。

　　森下「どう，ご飯と味噌汁うまく作れた？」
　　浩平「うーん，やたらにしょっぱくて，あんまりおいしくなかった。」
　　森下「お味噌を入れすぎたんでしょ。お玉に半分って書いたのに。」
　　浩平「その通りにやったよ。僕の分だけだったから，鍋もこの小さい
　　　　　のにして。」
　　森下「ああ，手鍋を使ったんだ。そりゃ，お湯の量が少なすぎだよ。」
　　浩平「ふーん。ところで，この最初の「でじる」って何？　わからな
　　　　　いから無視したけど。」
　　森下「たしかにダシを入れないと，おいしくないだろうね。」
　　浩平「それとね，ワカメをスプーンに2杯ぐらい入れたら，すっごく
　　　　　多くなった。」
　　森下「それも入れすぎだね。で，ご飯のほうは？」
　　浩平「あの通りにやったら，硬すぎた。水って，米と同じ分量でいい
　　　　　んだよね。」
　　森下「炊飯器の目盛り，見なかったの？　内側に「3」とか「5」と
　　　　　か数字が書いてあったでしょ。3合炊くときはその「3」のと
　　　　　こまで水を入れるの。」
　　浩平「ええっ，お米も水もその線まで入れちゃった！」
　　森下「お米を量るのは計量カップ。お米の袋の中に入ってたでしょ。」

【問題4】
　森下さんの説明書の問題点をできるだけたくさんあげてください。

【問題5】
　中学生にもわかりやすいご飯の炊きかたと味噌汁の作りかたに書き直してください。追加したほうがよい情報は，想像で適当に補ってかまいません。

エアコンの取扱説明書の目次

　古いエアコンの掃除をしたいと思い，取扱説明書を見ると，最初のほうのページに次のような目次が載っていました。

```
0．特長・・・・・・・・・・・・・・・・・・・・・・・ 2
1．必ずお読みください・・・・・・・・・・・・・・・ 5
2．各部の名称・・・・・・・・・・・・・・・・・・・ 7
3．運転の前に・・・・・・・・・・・・・・・・・・・ 9
4．最適運転・・・・・・・・・・・・・・・・・・・・13
5．お早う／お休み運転・・・・・・・・・・・・・・・15
6．急速／爽やか運転・・・・・・・・・・・・・・・・17
7．保守整備・・・・・・・・・・・・・・・・・・・・19
8．このような時には・・・・・・・・・・・・・・・・23
9．サービスと保証・・・・・・・・・・・・・・・・・27
10．仕様・・・・・・・・・・・・・・・・・・・・・28
```

【問題6】

　次のようなときには，この取扱説明書のどのページを見ればよいと思いますか。それがわかりにくいとすると，どうしてだと思いますか。

・エアコンの掃除をしたいとき
・タイマーの時刻が狂っているので，調節したいとき
・リモコンが見つからないが，なんとかして冷房を入れたいとき

【問題7】

　この取扱説明書の目次をわかりやすく書き直してください。エアコンを買った人がどんなときに取扱説明書を見るのかを考えて，見たいページがすぐ見つかるようにしてください。

ガスコンロの組み立てかたの説明

次の説明は，家庭用ガスコンロの取扱説明書に載っているものです。

組み立て方と各部の名前

1. トッププレートをはずし、各コンロの中央の穴にガスノズルが入っていることを確認する。
2. 汁受け皿をトッププレートにはめ込む。
3. ゴトクを汁受け皿にはめ込む。
4. 点火ボタンを押して点火を確認する。
5. 消火ボタンを押して消火を確認する。

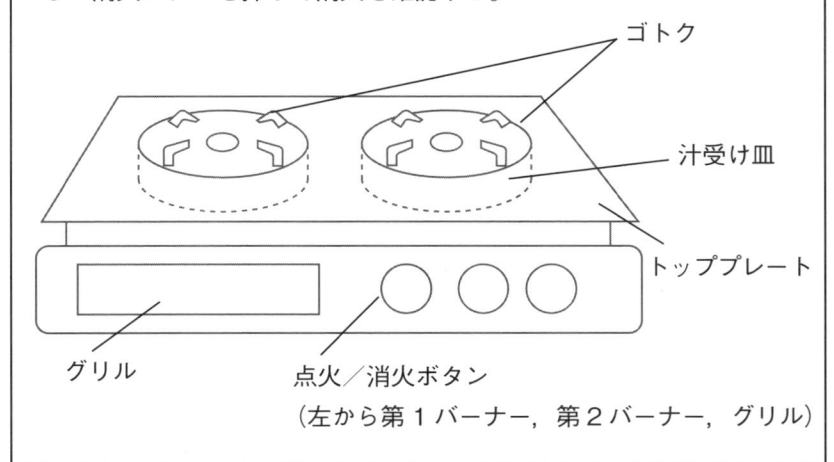

（図：ガスコンロの各部名称
 ゴトク／汁受け皿／トッププレート／グリル／点火／消火ボタン（左から第1バーナー，第2バーナー，グリル））

【問題8】

一般の人が使う家庭用ガスコンロの取扱説明書として，この説明にはどんな問題点があるか考えてください。

【問題9】

この取扱説明書のこの部分を書き直してください。

課題1

松山くんが自治会役員をしている田辺学院大学に新しく学生会館 Manabi Tanabe ができました。ここには会議室がいくつかあり，学生がサークル活動のミーティングや授業準備のグループワークに使うことができます。運営は大学側と学生自治会が共同で行っており，松山くんは申し込みの手順書の作成を任されました。会議室の利用については次のような条件があります。

> ・利用は一室 60 分単位
> ・ネットでの申し込みも可能
> ・申し込みには代表者の学生証が必要
> ・空いていれば直前でも申し込み可能
> ・申し込んでも使わない場合はキャンセルすること
> ・日曜と祝日は閉館
> ・大会議室と小会議室が利用可能
> ・プロジェクター，スクリーン，マイクなどの貸し出しあり
> ・先生が授業で使う場合は，Manabi Tanabe ではなく教務課へ
> ・予定時間の 5 分前までに鍵を取りに来ること
> ・机や椅子は動かしてもよい
> ・楽器演奏など，大きな音は出さないように
> ・Manabi Tanabe 内は禁煙
> ・予約が必要な備品もあり
> ・大学祭等のイベントのときは，別途相談

【問題 10】

ここにあげた条件を盛り込んだ申し込みの手順書を作ってください。追加したほうがよい情報は，想像で適当に補ってかまいません。

課題2

　大学の新入生たちは，大学が作った履修案内を読んでも，授業の履修のしかたがよくわからないようです。高校を卒業したばかりで，大学のことを何も知らない新入生に向けて，履修のしかたを説明するわかりやすいマニュアルを作ってください。

課題3

　マニュアルでは，ほしい情報がすぐに見つけられなければなりません。そのためには，目次や索引をわかりやすくする必要があります。実際のマニュアルの目次や索引をたくさん見て，それぞれのよい点と悪い点を述べてください。悪い点が多いものについては，書き直してください。

課題4

　何かの手順を説明する，広い意味での「マニュアル」をたくさん集め，それぞれのよい点と悪い点を述べてください。悪い点が多いマニュアルについては，書き直してください。

課題5

　何かの手順を説明するマニュアルを作ってください。なるべく，説明するのがむずかしいものを選んでください。そして，そのマニュアルを作るときにどんな工夫をしたかについても説明してください。

トレーニング 8
場所や交通の案内

大岩海岸駅から大林さんの家までの道案内

　大林さんは，来月の最終土曜日に，引っ越したばかりのマンションに友だちを呼んでパーティをすることにしました。友だちはみんな大林さんの家を知らないので，次のような道案内のメールを出しました。

> 引っ越しパーティに来てくれるっていうお返事ありがとう(^o^) すっごく楽しみにしてるからね☆駅から私の家までの道は，東鉄大岩海岸駅を出ると駅前にロータリーがあって，そこから北西方向の大きな道を進んでいくと国道59号線に出るんだけど，その2本手前の道を右に入ってそのまま歩くと左手に工事中のマンションがあるので，そこを右に曲がって6軒目がうちのマンションで〜す!!オートロックなので着いたらインターホンで呼び出してね♪道がわからなかったら駅前に交番があるからそこで聞いてね(^_-)

【問題1】
　この道案内のわかりにくい点や不親切な点をあげてください。

【問題2】
　この道案内をわかりやすく書き直してください。目標物などを想像で適当に補ってもかまいません。ただし，地図は使わないでください。

「ホテル高倉」の道案内の看板

　「ホテル高倉」は，はじめて来るお客さんが道に迷わないように，土地を借りられる場所に道案内の看板を立てています。看板の一つは次のようなもので，下の地図の「看板」の位置に立てています。

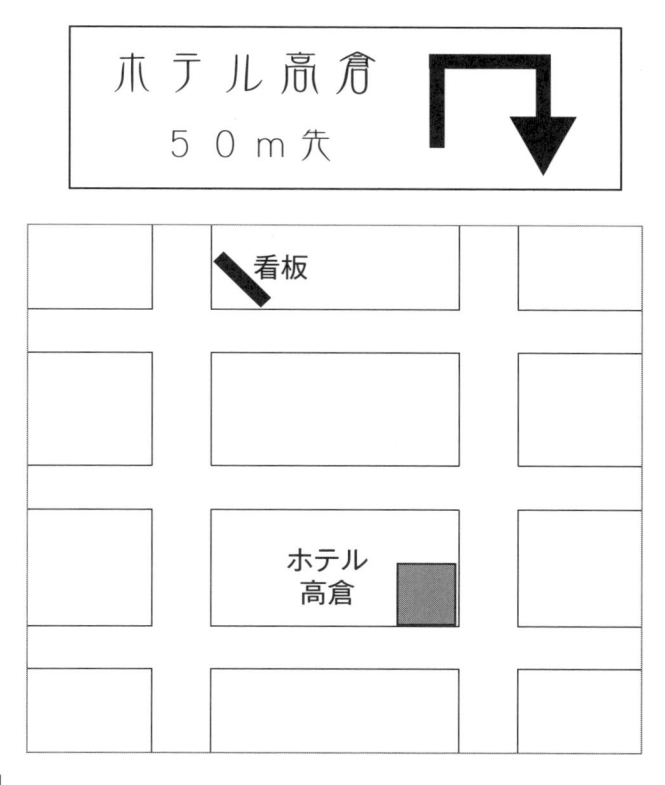

【問題3】
　この看板のわかりにくい点や不親切な点をあげてください。
【問題4】
　この看板をわかりやすく書き直してください。看板を立てる場所は変えられませんが，看板の向きや形などは自由に変えられます。

県庁前駅に置かれたグリーンホールまでの案内板

　地下鉄県庁前駅の改札口を出ると，グリーンホールへの行きかたを示す次のような案内板が立っています。

グリーンホール
２番出口を出てユーターンして南下し、２つ目の角を右に曲がります
３番出口を出て、南下し、最初の角を右に曲がります

　県庁前駅の１番から３番の出口とグリーンホールの位置関係は，次のようになっています。

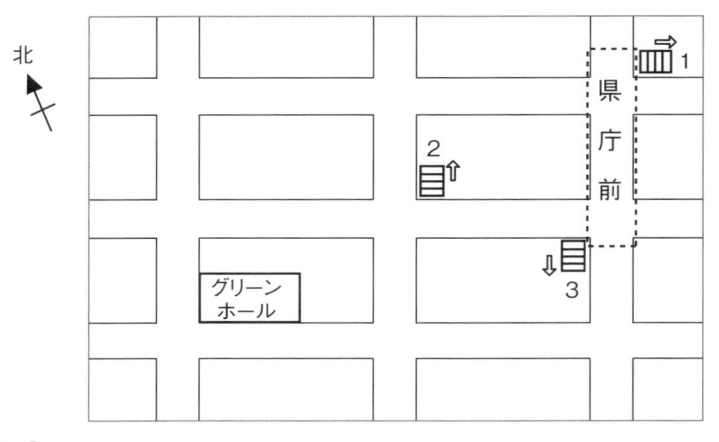

【問題 5】
　この案内板のわかりにくい点や不親切な点をあげてください。

【問題 6】
　この案内板をわかりやすく書き直してください。つけ加えたほうがよい情報は，想像で補ってもかまいません。

「石崎書店」のフロアマップ

　次のフロアマップは，「石崎書店」の入り口にはってあるものです。これがはってあるのは，入り口を入った正面の壁です。その位置を示すために★印をつけておきますが，実際のマップに★はありません。

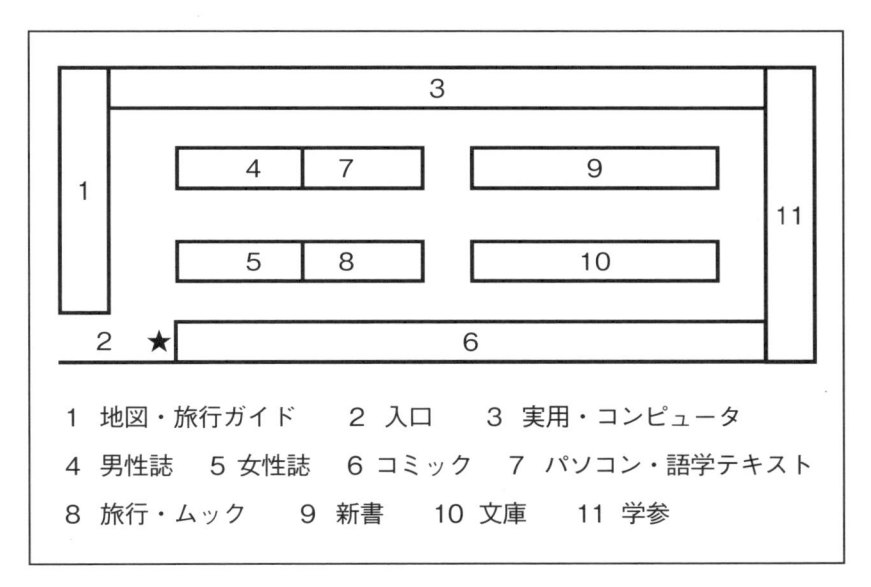

```
┌──┬─────────────────────┬──┐
│  │           3           │  │
│  │ ┌──────┬───┐  ┌──────┐│  │
│ 1│ │  4   │ 7 │  │  9   ││11│
│  │ └──────┴───┘  └──────┘│  │
│  │ ┌───┬──────┐  ┌──────┐│  │
│  │ │ 5 │  8   │  │  10  ││  │
│  │ └───┴──────┘  └──────┘│  │
│  │  2  ★         6       │  │
└──┴─────────────────────┴──┘
```

1 地図・旅行ガイド　　2 入口　　3 実用・コンピュータ
4 男性誌　5 女性誌　6 コミック　7 パソコン・語学テキスト
8 旅行・ムック　　9 新書　　10 文庫　　11 学参

【問題7】
　このフロアマップのわかりにくいところをあげてください。

【問題8】
　このフロアマップを作った人は，どうしてこんなわかりにくいものを作ったのでしょうか。わかりにくい点の一つ一つについて，作った人の心理を想像して述べてください。

【問題9】
　このフロアマップに代わる，わかりやすいフロアマップを作ってください。つけ加えたほうがよい情報は，想像で補ってもかまいません。そして，そのフロアマップを作るときにどんな工夫をしたかについても説明してください。

本町1丁目のバス停の時刻表

　次の時刻表は，本町1丁目のバス停にあるものです。（9時台から20時台までの部分は省略してあります。）

行先	青葉山	犬山台	桜　　町	つつじヶ丘
6		10 56 ±日	22 58	42
7	31	22 日 49	15 日 30 42 ±日 50 ＊	08 43 ＊
8	28	00 日 07	02 日 14 29 ±日 55 ＊	47
⋮				
21	23 ＊		02 24 47	08 44
22		06 57	13 45	25

　　土印　　土曜運休　　　日印　　日祝運休　　　犬印　　日祝のみ犬山台止
　　大印　　土日祝のみ大岩キャンプ場まで延長運転

　このバス停からのバス路線は，次のようになっています。

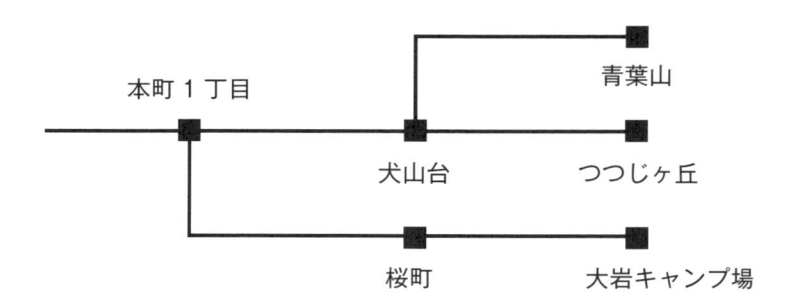

【問題10】
　この時刻表のわかりにくい点をできるだけたくさんあげてください。

【問題11】
　この時刻表をわかりやすく作り直してください。ただし，バスの路線やダイヤは変えないでください。

場所や交通の案内

西が丘駅の券売機の表示

　西部線西が丘駅にあるタッチ画面式の券売機で，西が丘駅から上野中央までの回数券を買おうとして，「回数券」の所を押すと，左の画面が出てきます。その画面で，西部線の所をタッチすると，右の画面が出てきます。（この回数券は，券面に表示された区間を10回分の料金で11回乗れるものです。）

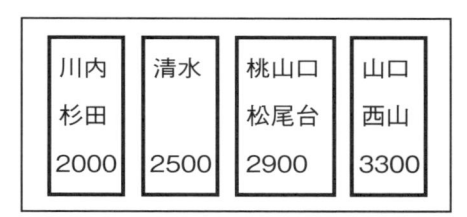

```
┌─────────────┐    ┌──────┬──────┬──────┬──────┐
│  東 部 線   │    │川内  │清水  │桃山口│山口  │
├─────────────┤    │杉田  │      │松尾台│西山  │
│  北 部 線   │    │      │      │      │      │
├─────────────┤    │2000  │2500  │2900  │3300  │
│  西 部 線   │    └──────┴──────┴──────┴──────┘
└─────────────┘
```

　電車の路線は，次のようになっています。（北部線の北側8駅と東部線の東側16駅は省略してあります。）

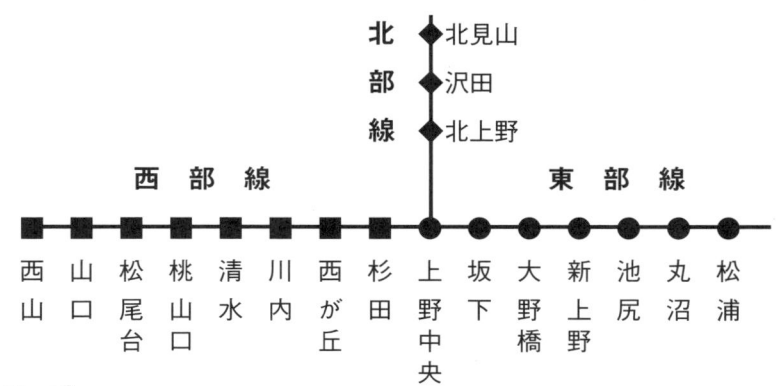

　　　　　　　　　　　北　◆北見山
　　　　　　　　　　　部　◆沢田
　　　　　　　　　　　線　◆北上野
　　　西　部　線　　　　　　　　東　部　線
■─■─■─■─■─■─◆─●─●─●─●─●
西　松　桃　清　川　西　杉　上　坂　大　新　池　丸　松
山　尾　山　水　内　が　田　野　下　野　上　尻　沼　浦
口　台　口　　　　　丘　　　中　　　橋　野
　　　　　　　　　　　　　　央

【問題12】
　この券売機の画面のわかりにくい点をできるだけたくさんあげてください。

【問題13】
　この券売機の画面をだれにでも使いやすいように作り直してください。なお，西が丘駅で回数券を買う人の約55％は上野中央駅までのものを買い，約30％は新上野駅までのものを買います。

[課題1]

　札幌にある札幌大学体育館で，全国車椅子バスケット大会が開かれることになりました。次の交通案内は，大会の公式ホームページに載っているものです。

交通案内
札幌駅から地下鉄東豊線で月寒中央駅下車、中央バスで札大正門前下車。

【問題14】
　この交通案内にはどんな情報が不足していると思いますか。このホームページを見た人の次のような疑問も参考にして考えてください。

　疑問1「このバスってどこ行きのバス？　このバス，しょっちゅう出てるの？」
　疑問2「1時に会場に着きたいんだけど，何時に札幌駅を出ればいいんだろう。」
　疑問3「札幌には飛行機で行くんだけど，空港から札幌駅まではどうやって行くの？」
　疑問4「4人で行くから，不便なところだったらタクシーで行ってもいいかなあ。でも，すごく高くつくのかなあ。」
　疑問5「車椅子でも地下鉄やバスに乗れるのかなあ。」

【問題15】
　この交通案内をもっとわかりやすく親切なものにしてください。情報をつけ加えなければならないときは，想像でつけ加えてください。もちろん，交通機関のホームページなどで実際の情報を集めて，つけ加えることができれば，なおよいです。

場所や交通の案内

課題2

　道路にある標識や表示，施設やお店へ行くための案内板，交通機関の時刻表や路線図，券売機の表示などについて，今までに便利だと思ったことや，わかりにくいと思ったことをいくつかとりあげ，それぞれについてできるだけ具体的にわかりやすく説明してください。

課題3

　雑誌やチラシなどから，施設やお店へ行くための交通案内や地図を集め，それぞれのよい点と悪い点を述べてください。その付近の地理をまったく知らない人でも簡単にその場所に行けるかどうかを考えて，評価してください。そして，悪い点が多いものについては，書き直してください。

課題4

　大学，病院，ホテル，レストランなど，いろいろな施設のホームページを見て，その施設に行くための交通案内（アクセス情報）を集め，それぞれのよい点と悪い点を述べてください。その地域に住んでいない人が，決められた時間にその施設に行こうとしたとき，その案内だけを見て，スムーズにそこに行けそうかどうかを考えて，評価してください。そして，悪い点が多いものについては，書き直してください。

課題5

　どこかからどこかまでの道や交通の案内を，地図を使わないで書いてください。たとえば，駅から自宅までの道案内，空港から自宅近くのホテルまでの交通案内などです。なるべく説明がむずかしい所があるものをとりあげてください。そして，どの部分を説明するのがむずかしかったか，わかりやすくするためにどんな工夫をしたかについても述べてください。

トレーニング 9
企画や提案を出す

学園祭での韓国風お好み焼き屋の企画書

　橋本さんの大学では，学園祭の活性化のために，人気が出そうな企画を立てたグループに3万円以内の準備金が出ることになっています。準備金は返す必要がなく，模擬店も対象になっているので，橋本さんはサークルの友だちと，韓国風お好み焼き（チヂミ）屋の企画で応募することにしました。
　この企画について橋本さんが考えたのは，次のようなことです。

- チヂミ屋
- 作り方は，そんなに難しくない
- 一口チヂミにして，値段は1枚50円ぐらい
- 去年，大阪風いか焼き屋をやったら，1日300枚ぐらい売れた
- 材料を作る人＋焼く人＋売る人＋プラスαの4〜5人でできる

【問題1】
　準備金をもらうには，申込用紙のほかに，A4用紙1枚の企画書を書いて応募しなければなりません。アピールする企画書にするにはどのようなことを書けばよいか，考えてください。企画内容についても工夫してください。

【問題2】
　アピールするようにいろいろな工夫をして，企画書を書いてください。

企画や提案を出す 73

お菓子の新製品の企画書

　野村さんはお菓子メーカーの新入社員です．あるとき，上司から，大学を出たばかりの若い感性にもとづいて何か新製品を考え，企画書にしてみるように言われました．野村さんは，頭の中で次のようなことを考えました．

- 森山製菓の「子猫ちゃん」はおいしいし，すごく売れてるけど，ちょっと高い．コンビニで198円．もっと安いのじゃないとダメ．
- ターゲットは女の子．10代後半から20代前半ぐらい？
- カイザー食品の「クライン・ケーゼ」は，チーズケーキ味で人気があるみたいだけど，ちょっと重い．もっと軽くて，たくさん買ってくれそうなのがいい．
- 薄焼きの皮の間にクリームをはさんだのはどうかな．一口で食べられる小さいのがたくさん入っていたら，幸せ気分．
- 大きいのなら今まであったけど，みんな高級品って感じで，高い．
- テーマは，天使！「食べると天使のように心が軽くなる！」って受けないかな？　天使の翼のような形にしたらどうかな？
- 箱も天使の絵が書いてあるカワイイもの．
- 商品名はどうしよう？
- 味は2種類か3種類．別々の箱にするか？　1箱に混ぜるか？

【問題3】
　このアイデアを企画書にするとき，どんなことをアピールしたらよいか考えてください．そのうえで，企画書には，どういう項目をどういう順序で書いたらよいか，考えてください．新製品の内容は，変えてもかまいません．

【問題4】
　図や表を入れるなどの工夫をして，新製品の企画書を書いてください．

新入生歓迎オリエンテーションの企画案

　大学2年生の大西さんは，大学の新入生歓迎委員会のメンバーです。新入生歓迎委員会は，大学が全学部の新入生にたいして入学後すぐ行う「新入生歓迎オリエンテーション」の企画や運営を手伝っています。

　大西さんは，新入生のときに参加した歓迎オリエンテーションを改善したいと思い，新入生歓迎委員会に新しい方式を提案したいと思っています。

　大西さんが考えているのは，次のようなことです。

- 1泊2日で遠くに行ったって，大学生活のオリエンテーションは部屋の中でするから，遠くに行った意味がない。
- オリエンテーションは，別の日に学内でしたらいいと思う。
- 新入生と上級生，先生の交流のためには，日帰りで近くに行く。
- 去年は宿泊施設も食事もあんまりよくなかった。もっとよくしてほしいけど，予算がないみたい。
- 日帰りなら，バス代ぐらいしかかからないから，もっとぜいたくな旅行にしてもらえるかも。
- 1泊2日で土日がつぶれるのは，新入生も大変だし，上級生も先生も嫌がってるみたい。
- オリエンテーションを別にするのなら，バス旅行は5月でもいい。

【問題5】
　大西さんのこの考えをふくらませ，具体的な提案内容を考えてください。

【問題6】
　新入生歓迎の新しい企画案を作ってください。その企画案は，新入生歓迎委員会で賛成が得られれば，そのまま大学の担当者に出すことになります。この案が採用されるように，いろいろ工夫して書いてください。

就職セミナーの企画案

丸山くんは，大学の就職活動サークル「Shu-KATSU（シューカツ）」に所属しています。このサークルは，大学が主催する就職セミナーの企画案を作り，ときどき大学の就職課に提案しています。

次に示すのは，丸山くんが，大学の就職課に出すためにワープロで書いた就職セミナーの企画案です。

就職セミナー企画案

就職冬の時代。みんな就職で苦労しています。外国で仕事をしたい人もいると思います。今年は外国での就職について外人に話をしてもらったらどうかと思います。

せっかくだから宣伝を派手にしたいです。就職課のポスターはダサイから、僕たちが作りましょうか。会場の準備も手伝います。お礼をいくらしたらいいかとかはわからないので、聞いてください。

就職の準備は早いほうがいいから夏休み前にしましょう。いつものように授業があまりない木曜日の夕方だったら2年生も3年生も来ます。大教室でやってもギューギュー詰めのことがあったから、大山記念館大ホールだったかな、あそこがいいと思います。使えなかったら、大教室でもいいけど。それでは、よろしくお願いします。

　ちなみに、中部外大スミス先生が候補にあがっています。

【問題7】
　この企画案の問題点をできるだけたくさんあげてください。

【問題8】
　この就職セミナーの企画案を書き直してください。読む人にわかりやすく，この企画を採用したいと思わせるようなものにしてください。

「カレー工房　哲」のホームページの企画案

　田中さんのお父さんは,「カレー工房　哲」という店を経営しています。お客さんも増え, 問い合わせも多くなってきたので, 知り合いの人に頼んで店のホームページを作ってもらうことにしました。その人から, どんなホームページにしたいかの案を出してほしいと言われ, 田中さんとお父さんは次のような話をしました。

田中「店の場所をわかりやすく書いておかないとね。」

父親「はじめての人は, けっこう迷うみたいだからな。」

田中「テレビに出たのと雑誌に出たのをアピールしたらいいんじゃない？　そういう写真もホームページに入れたらいいよ。」

父親「どっちもちょっと出ただけだからな。もっと大きく取りあげられたとき, すぐ載せられるようにしておいてほしいなあ。」

田中「掲示板, 作って, だれでも何でも書き込めるようにしたら？」

父親「変な書き込みばっかりになったら嫌だから, 誹謗中傷は削除しますってしておいて, 削除できるようにしておかないと。」

田中「女性客つかまないとダメだから, 女性好みの感じにしてよ。」

父親「おみやげのカレーがあんまり売れなくて赤字だから, 通販で売れるようにできないかなあ。検討してほしいなあ。」

【問題9】

　この会話から, どんなホームページにしたらよいかを整理して示してください。

【問題10】

　このホームページの企画案を書いてください。ホームページを作る人に, どんなホームページを作りたいかがはっきり伝わるものにしてください。

「たんたん」開店5周年キャンペーンの企画

　洋風居酒屋チェーン「たんたん」では，開店5周年を記念してキャンペーンをすることになり，その企画を広く募集しています。採用された場合には，最高10万円の賞金が出ます。応募は「たんたん」のホームページからでき，提案のタイトルを20字以内で，提案の内容や理由を1行40字で10行程度にまとめて書き込むことになっています。

　荒井くんは居酒屋でアルバイトをした経験があるので，その経験を生かして応募してみようと考え，思いつくままにいくつかの案を書き出してみました。（　）の中は，荒井くんが自分自身のアイデアについて持った疑問です。

- 5％割引（割引率，低すぎ？）
- スタンプを5個集めて記念品（何，もらったらうれしいかな？）
- 5回割引チケット（何％割り引く？）
- 50人限定プレゼント（どんなプレゼント？）
- 50円割引チケット（金額，小さすぎるか？）
- 5周年マスコットキャラクター（どんなキャラ？）
- 5個めの注文はタダ（高いのをわざと5個めに注文するかも？）
- 開店5人目のお客さんに特典（ケンカになる？）
- 5品目の格安パーティーセット（料理5つだと少ない？）
- 5日間キャンペーン（5日だと，短いか？）

【問題11】
　荒井くんの案の中からおもしろそうなものを選んだり，組み合わせたりして，提案の内容を考えてください。これ以外の案を加えてもかまいません。

【問題12】
　応募規定に従って，提案のタイトルと内容・理由を書いてください。

課題1

宮崎さんは，学園祭企画委員をしています。企画委員長から，企画委員はそれぞれ学園祭のときの講演会の企画案をメールで出すように言われ，次のメールを送りました。

> 宮崎です。今度の講演会なんですが，毎年大学の先生とか評論家とか，なんか偉いっぽい人ばっかだとおもいません？　てゆーか、もうちょっとほかの人呼びましょうよ。タレントとか、スポーツ選手とか。で、考えたのは、この間引退したマラソンの松井。野球とかサッカーの選手みたいに超有名ってわけじゃないから、ギャラも高そうじゃないし、インタビューとか聞いてても話すの上手そうだったし。それにあの人、たしかウチの大学の附属高校出身なんですよね。大学は陸上の強いとこに行っちゃったけど。じゃ、何話してもらうんだって聞かれたらまだ案はないんだけど、それも、人決めてから決めてもいいんじゃないかな。どうですか、この案？

すると，企画委員長から，この案を学園祭企画委員会で討議し，それでいいということになったら，学園祭実行委員会にもかけたいから，きちんとした企画書にまとめるようにというメールが来ました。学園祭企画委員会の上部組織である学園祭実行委員会には，企画委員長は出席しますが，宮崎さんは出席しないので，わかりやすい企画書にしておかなければなりません。

【問題13】

この案を企画書に書くとき，どういう項目をどのように並べて書いたらよいか，考えてください。この段階で不足している情報があれば，どのような情報を集めなければいけないかも考えてください。

【問題14】

この案が採用されるように，説得力がある企画書を書いてください。

企画や提案を出す

課題2

　車椅子に乗る人たちを助けるボランティア活動をしていると考えて，車椅子の人たち向けの行楽イベントの企画書を書いてください。

　そのグループのメンバーから，いくつもの企画案が出てくるはずです。ほかの案よりよく考えられた案だということがわかるような，しっかりした企画書にしてください。

課題3

　インターネットの検索サイトで「提案」「回答」などと入れて，自治体が設けている提案箱のホームページを探してください。それから，そこに書かれている提案と回答の中からうまくかみ合っていないものを探し，どういった点に問題があるか考えてください。

課題4

　企画書を書くときのポイントを整理して書いてください。本やインターネットのホームページをいくつか見て，それを参考にしてもかまいません。ただし，参考にしたときは，どの本やホームページのどの部分をどのように参考にしたのかを明示してください。

課題5

　イベントや新しい事業などの企画コンテストに応募すると考えて，採用されそうなユニークな企画書を書いてください。

　そのとき，どのような条件のどういうコンテストかも書いてください。また，その企画書を書くときにどんな工夫をしたかについても説明してください。

トレーニング 10
ニュースレターを作る

「ウィル名古屋」に載せる新入会員の自己紹介

　大学生のボランティア・グループ「ウィル名古屋」では，会員どうしの情報交換のために，毎月，「ウィル名古屋」というA4用紙で4ページのニュースレターを発行しています。そこには，毎号，平均10人ぐらいの新入会員の自己紹介が載ります。次の文章は，その自己紹介の一部です。

西川清さん（東山大学1年）
　今年からウィル名古屋に入会した東山大学1年の西川清です。大学でこの会のことを知って，入会することにしました。一生懸命がんばって行きたいと思います。どうぞよろしくお願いします。

辻清美さん（名城学園大学2年）
　人との出会いが好きで，この会に入りました。通称，きよちゃん。小柄ですが，高校まで水泳をやっていたので，力はけっこう強いです。何でもやる気満々です。見かけたら，声をかけてくださいね。

【問題1】
　どちらの自己紹介がよいと思いますか。どういう点がよいと思いますか。

【問題2】
　自己紹介を書くときに気をつけなければならない点をあげてください。

「広尾ジャズニュース」に載せるお知らせ

　広尾大学モダンジャズ・オーケストラでは，「広尾ジャズニュース」というニュースレターを作って，年に数回，団員とOB（卒業生）に配っています。次の文章は，ニュースレターの最後につけるお知らせです。

会員の皆さまへのお知らせ

　この号は，山内さんと池田さんが練習を休んで手伝ってくれました。おかげで私はほとんど何もしないで，発送まで終わりました。山内さん，池田さん，ありがとうございました。

　OB会員の皆さんには，3年に1回，会費を納入していただいています。支払いが滞っていらっしゃる方は，至急，会費の納入をお願いします。会費は，このニュースレターの印刷・郵送費などにも使われています。OBの皆さん，どうぞよろしくお願いします。

　最近，学内で盗難事件が多発しているようです。HRBの部室でも，最近，盗難事件がありました。貴重品は部室に置かないように気をつけてください。

　最近，ニュースレターが宛先不明で戻ってくるケースが増えています。その場合，切手代が無駄になってしまいます。住所を変更された方は，ご連絡をお願いします。

　　　　　　　　　　　　　　　　　　　　（文責　高橋）

【問題3】
　この文章の不親切なところや不必要なところをできるだけたくさんあげてください。

【問題4】
　このお知らせをわかりやすく書き直してください。

「ニューズレター 松江バド」に載せる「卒業生に贈ることば」

　松江(まつえ)大学バドミントン部では，年に３回，「ニューズレター 松江バド」を出しています。３月発行の号では，「卒業生に贈ることば」というコーナーを作り，在校生約20人から卒業生５人へのメッセージを載せることにしました。次の文章は，その一部です。

　　　　卒業生に贈ることば　　　　　桜井健太（２年）

　卒業生の方々には短い期間でしたが、たいへんお世話になりました。この二年間のすべてがよい思い出です。僕もこの春から部の中心にならなければならないと思うと、身の引き締まる思いです。今後とも引き続きご指導をお願いします。卒業生の方々の今後のご活躍をお祈りしています。

　　　　仕事も恋愛も粘りですね　　　金　研姫(キム　ヨンヒ)（３年）

　去年の浜坂での夏合宿。練習後、先輩方から夜の浜辺で聞かせていただいたお話が印象に残っています。単位の取り方でも恋愛でも涙ぐましい努力をなさっていることがわかり、試合での粘り強さの秘密がわかった気がしました。これからお仕事でも恋愛でもあの粘り強さがあれば大丈夫ですね。私たちも応援席から応援しています。

【問題５】
　桜井くんと金(キム)さんのどちらのメッセージがよいと思いますか。どういう点でそう思うのかも述べてください。

【問題６】
　このようなメッセージを書くときに気をつけなければならない点をあげてください。

「異文化通信」に載せる原稿募集のお知らせ

　秋田市の異文化体験サークルが発行しているニュースレター「異文化通信」に，次のような原稿募集のお知らせが載っています。

原稿募集のお知らせ

　次号に会員の皆さまの異文化体験談を載せたいと思います。ぜひ原稿をお寄せください。紙面レイアウトが決まっていますので、必ず800字以内にして、7月15日までに事務局にお送りください。

【問題7】

　このお知らせのわかりにくい点をできるだけたくさんあげてください。

【問題8】

　事務局と，このお知らせを見て原稿を送ってきた人との間で，次のようなトラブルがありました。それぞれのトラブルはどうしたら防げたと思いますか。

　トラブル1：送られてきた原稿の内容や文体がばらばらだったので，事務局から何人かの人に書き直しをお願いしたら，文句を言われた。

　トラブル2：事務局の執務時間は午後5時までとニュースレターに書いてあるのに，締め切り日の午後5時以降や次の日に郵便やメールで原稿が届いたので，事務局の仕事の手順が狂って困った。

　トラブル3：原稿をニュースレターのレイアウト枠に入れようとすると，入りきらないものが多かった。事務局が字数を減らしてくれるように何人かにお願いすると，「パソコンで正確に字数を数えて800字にしたのに」などと文句を言われた。

【問題9】

　このお知らせを，できるだけわかりやすく書き直してください。

「南海高校11同窓会ニュース」に載せる原稿の字数調整

　和歌山学園南海高校の2011年春卒業の同窓会で，「南海高校11同窓会ニュース」というニュースレターを出すことになり，その第1号の最初に次のような文章を載せることになりました。ところが，ほかの記事の分量が増えたため，この文章を短くしなければならなくなりました。

　　皆さん，お元気でお過ごしでしょうか。南海高校11同窓会は，卒業した年の夏に和歌山グランドホテルで同窓会を開いただけで，その後，ほとんど活動を停止していました。これではいけないと，有志が集まって，手始めにこのようなニューズレターを作って，皆さんに送ることにしました。今回は皆さんのメールアドレスがわからないので郵送しますが，なるべく早い時期に郵送ではなく，メールを使ったニューズレターに移行したいと思います。名簿も整えたいと思いますので，たいへんお手数をおかけしますが，同封の葉書でお名前，住所，電話番号，メールアドレスをお知らせください。
　　ところで，私たちの母校，和歌山学園南海高校は，来年，創立４０周年を迎えます。その記念事業として校内緑化事業を行うための寄付活動が，現在，進められています。私たち若い世代はあまり期待されていないと思いますが，一人一人の寄付額が少なくても，人数が多ければ，大きな額になります。11同窓会でもこの寄付活動に協力していきたいと思います。どうぞよろしくお願いします。

【問題10】
　この文章を3行減らしたいときには，どこをどう直したらよいでしょうか。

【問題11】
　この文章を5行減らしたいときには，どこをどう直したらよいでしょうか。

「Shu Shu Newsletter」に載せる総会報告の文体統一

　手話サークル「シュシュ」が「Shu Shu Newsletter」を出すことになりました。その原稿として，9月の幹事会報告を山川さんに，10月の幹事会報告を島袋(しまぶくろ)さんに書いてもらったところ，次のように，文体がまったく違う原稿が出てきたので，これを統一したいと思います。

9月幹事会報告

　9月の幹事会は欠席者が多かったため、急がない問題は来月の幹事会で話し合うことにしました。(幹事のみなさん、来月はぜひ出席をお願いします。)

　決まったことは、体育の日にスポーツ大会を開くことと、ニュースレターを出すことだけです。ホームページを作ることについては、来月の幹事会で話し合うことになりました。

10月幹事会報告

1．幹事会活性化のため，幹事を15名に増員することを決定した。
2．ホームページ作成のため，ホームページ作成委員会を設置することを決定し，委員長に北口真一氏を選出した。
3．来年3月の市民祭りで手話講習会を開催することについて協議したが，結論が出ず，次回幹事会で再度審議することになった。

【問題12】
　9月の幹事会報告に合わせて，10月の幹事会報告を書き直してください。

【問題13】
　10月の幹事会報告に合わせて，9月の幹事会報告を書き直してください。書き直すときに追加したほうがよい情報は，想像で補ってかまいません。

課題1

　ソウル日本人留学生ネットワークのニュースレターに「日本再発見」という投稿欄があります。そこに，次のような投稿原稿が送られてきました。

ＵＳＪ訪問紀

　私は、日本にいるときから一度ＵＳＪにいって見たいと思ってました。関空行きのやすいチケットが手に入ったので、里帰りついでにＵＳＪに行って来ました。２月２３日１０時発のOZ112便で一路関空へ。関空からはリムジンバスで一時間程。入園が２時近くになってしまいましたが、２月の平日だとさすがに好いています。閉館時間までにどうしても行きたいと思ってたものにはだいたい乗れました。やっぱりいちばんよかったのは、ジュラシックパークかな。最後に口を空けた恐竜にびっくりしてたらジェットコースタみたく急降下した。あのスリリングはたまらなかった。水に突っ込むときに濡れるので河童は必需品。忘れたら乗り場で購入できるので大丈夫。ウォーターワールドも人が少なかったので、水に濡れるゾーンに座ったらこんなところまで水は来ないと思ったんだけど、しっかり水がかかりました。二月だというのに寒いだろ！僕は東京ディズニーランドよりユニバーサルスタジオジャパンは、夢を売るというよりすごいものを見せてくれて、どちらかというと大人向けです。ディズニーシーに近い感じ。ていうかディズニーシーのほうが後にできたんだよね。でも海外からわざわざ行く価値はあると思います。みなさんも里帰りのときにでもいってください。

【問題14】

　この文章には，間違っているところや，読者にわかりにくいところ，不統一なところなどがあります。どこをどう直したらよいか，述べてください。

課題2

　インターネットなどを使っていろいろなニュースレターを集め，それぞれのニュースレターや，その中の原稿について，よい点と悪い点を述べてください。そして，悪い点が多いニュースレターや原稿については，書き直してください。

課題3

　インターネットなどを使っていろいろなニュースレターを集め，その中のいくつかの原稿について，「1行減らす」とか「3行減らす」というような課題をいくつか考え，それぞれの場合にどこをどう直したらよいか，述べてください。また，どうして，そこを直したのかについても説明してください。

課題4

　ニュースレターに載せる自己紹介の原稿を400字（1行40字で10行，句読点などが行頭に来る場合は，前の行の最後に入れる）で書いてください。書く前に，どんな読者を対象にしたどんなニュースレターにどんな目的で自己紹介を載せることになったのかという状況設定を自分で行い，その状況設定を述べてから，自己紹介を書いてください。

課題5

　ニュースレターに載せる原稿を600字（1行30字で20行，句読点などが行頭に来る場合は，前の行の最後に入れる）で書いてください。内容は，自分の学校やサークルの紹介，お勧めの本や店の紹介，エッセイなど，どんなものでもかまいません。ただし，書く前に，どんな読者を対象にしたどんなニュースレターにどんな目的でその原稿を載せることになったのかという状況設定を行い，その状況設定を述べてから，原稿を書いてください。

トレーニング 11
アンケート用紙を作る

「ビジネスホテル松村」の部屋に置いてあるアンケート用紙

　「ビジネスホテル松村」に泊まると，部屋にアンケート用紙が置いてありました。次に示すのは，その一部です。

部屋番号　　　　号室　　　　宿泊日　年　月　日

どちらで当ホテルを知りましたか。
　　電話帳　広告　インターネット　知人より

どのようにしてご予約をいただきましたか。
　　電話　予約センター　旅行会社　インターネット

当ホテルをお選びいただいた理由は？
　　値段　場所　サービス　知名度　知人より

ご旅行の目的は？
　　出張　観光　受験　冠婚葬祭

【問題1】
　宿泊者へのこのようなアンケートの目的は何か，具体的に述べてください。

【問題2】
　アンケートの目的をよく考えて，アンケート用紙を書き直してください。

お笑いイベントのアンケート用紙

土曜日の夕方，近くの市民ホールで，若手の漫才師(まんざいし)を中心にしたお笑いイベントがあり，そこで次のようなアンケート用紙を渡されました。

アンケート

氏名（　　　　　　　）
年齢（　　　　　　　）
性別（　　　　　　　）

面白いと思った芸人に二重丸を、面白くないと思った芸人に丸をつけてください。

　　　ギガバイト、コイケとケイコ、七味弁当、たける vs すぐる
　　　クリームプリン、SUBARU、ぴっかーず、ロダンハーツ

入場料は適当ですか。
　　　適当、高すぎる、安すぎる

会場は適当ですか。
　　　適当、広すぎる、狭すぎる

開演時間は適当ですか。
　　　適当、早すぎる、遅すぎる

【問題3】
ホールの出口でアンケート用紙を回収していましたが，アンケート用紙に書いて渡している人はほとんどいないようでした。どうしてだと思いますか。

【問題4】
アンケートに応じてくれる人が増えるように，アンケート用紙を書き直してください。そのとき，何のためにこのアンケートをし，集まった回答を何に生かすのかもよく考えて，書き直してください。

地ビールレストラン「カンパネルラ」のアンケート用紙

地ビールメーカー直営のレストラン「カンパネルラ」で食事をしていると，次のようなアンケート用紙を渡されました。

ビールについてのアンケート

質問
1. 地ビールはお好きですか。　　　　　　　　　1.Yes 2.No
2. 瓶より缶が好きですか。　　　　　　　　　　1.Yes 2.No
3. ビールはほろ苦いよりもさっぱりしている。　1.Yes 2.No
4. ビールのおつまみは？
5. 味に不満はありませんでしたか。　　　　　　1.Yes 2.No
6. サービスに不満はありませんでしたか。　　　1.Yes 2.No
7. 何かご意見がありましたらお書きください。

解答
1.1.2.　2.1.2.　3.1.2.　4.
5.1.2.　6.1.2.　7.

解答用紙は係の者に渡すかアンケート回収箱にお入れください。解答をいただいた方に抽選で地ビールセットを差し上げます。

【問題5】
このアンケート用紙の問題点をできるだけたくさんあげてください。

【問題6】
このアンケート用紙を書き直してください。そのとき，何のためにこのようなアンケートをするのか，アンケートの結果をどのように活用するのかをよく考えて，書き直してください。アンケート項目は，大きく変えてかまいません。

ダイエットについてのアンケート用紙

　高田さんは，ダイエット経験と健康管理の関係についてのレポートを書くために，次のようなアンケート用紙を作りました。

アンケートのお願い

年齢　　　性別　　　身長　　　　体重　　　　体脂肪率
あなたはダイエットに感心がありますか？　ある　ない
あなたはダイエットをしたことがありますか　ある　ない
あなたはダイエットに成功したことがありますか。　ある　ない
あなたはダイエットに失敗したことがありますか。　ある　ない
あなたはどんなダイエットをしたことがありますか？
ダイエットの本当の意味を知っていますか？　はい　いいえ
あなたは自分の体系をどう思いますか？　太っている　痩せている　普通
あなたは１週間に何回スポーツをしますか　毎日　時々　しない
あなたは１週間にどのくらいファーストフードを食べますか。毎日　時々　食べない
タバコやお酒は好きですか？はい　いいえ
野菜は好きですか。はい　いいえ

【問題7】
　このアンケート用紙の問題点をできるだけたくさんあげてください。

【問題8】
　このアンケート用紙を書き直してください。そのとき，このアンケートによって何をあきらかにしたいかをはっきりさせ，どのような結果が出そうかという予測をしたうえで，アンケート項目を決めてください。

スマホの絵文字・顔文字についてのアンケート用紙

　竹村さんは，スマホのメールで使われる絵文字や顔文字について卒業論文を書こうと思っています。絵文字や顔文字は，女性のほうが男性よりよく使うのではないか，若い人ほどよく使うのではないかと思い，それを調べるために，次のようなアンケート用紙を作りました。これを，友だちや知り合いをとおして，いろいろな世代の人に配り，記入してもらうつもりです。

絵文字に関するアンケート調査

　　　　　　　　　　　　　　　年齢：　　　　性別

1、絵文字や顔文字を使いますか？
　Aまったく使わない　Bほとんど使わない　C時々使う　Dよく使う

2、なぜ使うのですか？
　答え：

3、絵文字や顔文字を送る人はどういう関係ですか（複数解答可、詳しく指定）
　　　　　男　　　　男　　　　両親　　上司
　A友達　女　B恋人　女　C家族　兄弟　D同僚　Eその他
　　　　　　　　　　　　　　　姉妹　　部下

4、男性から顔文字が沢山入ったメールをもらうと嬉しいですか。
　A嬉しい　Bやや嬉しい　Cどちらとも言えない　D少し不自然
　Eとても不自然

5、どんな絵文字をよく使いますか？
　解答

【問題 9】

　書いてもらったアンケート用紙を集めると，年齢と性別が書かれていないものがたくさんありました。何が原因だと思いますか。

　年齢や性別を書いてもらうためには，どのような工夫が必要だと思いますか。年齢や性別の回答のしかた，ほかの項目との順序なども考えてください。

【問題 10】

　竹村さんは，1 の質問の回答を集計して，世代別や男女別の絵文字・顔文字使用率を出そうと思っています。これに問題はありませんか。スマホでメールを使わない人がどう回答し，どう集計されるのかを考えてください。

【問題 11】

　2 の質問の回答はばらばらで，どう集計したらよいかわからなくなりました。どういう質問にすればよかったでしょうか。

【問題 12】

　竹村さんは，3 の質問の回答を集計して，メールを送る相手が男性か女性かによって絵文字や顔文字の使いかたに違いがあるかどうかを調べようと思っていました。ところが，集まった回答には，男か女かが書いてないものが多くありました。どういう質問にすればよかったでしょうか。

【問題 13】

　竹村さんは，4 の質問の回答を集計して，男性が絵文字や顔文字を使うことを不自然だと思う人が多いかどうか調べようと思っていました。この質問だけで，それが調べられますか。

【問題 14】

　5 の質問には絵文字をたくさん書いてくれると思っていたのに，あまり書いてもらえませんでした。どういう質問にすればよかったでしょうか。

【問題 15】

　このアンケートで何をあきらかにしたいのかをよく考え，その目的が達成されるようなアンケート用紙を作ってください。

課題1

通信販売で送ってもらったみかんの箱に、次のようなしおりが入っていました。

オレンジ・ファクトリーの蜜柑

オレンジ・ファクトリーの蜜柑は、愛媛県の温暖な気候と、化学肥料を使わない有機栽培と、私たち生産者の真心によって、すくすくと育てられた蜜柑です。特に小さなお子様のおやつやお年寄りのお見舞いにも安心して召し上がっていただけます。存分にご賞味ください。

　　　　生産者　　愛媛県伊予郡中山町　オレンジ・ファクトリー
　　　　　　　　　　　　　　　　　　　　　　　　　　山下春彦

アンケート

生産者　　　　　　　品種　　　　　　　供給日
氏名　　　　　　　　Tel
・食味　・鮮度　・傷　その他
お気づきの点はお知らせください。

【問題16】

アンケートの部分を中心に、このしおりの問題点をあげてください。

【問題17】

アンケートの部分を中心に、このしおりを書き直してください。そのとき、アンケートの目的をはっきりさせ、どのような質問項目が必要かをよく考えて、書き直してください。

アンケート用紙を作る

課題2

　今年，学園祭の実行委員をしていると考えて，来年の学園祭をよりよくするためのアンケート用紙を作ってください。そして，そのアンケート用紙を作るときにどんな工夫をしたかについても説明してください。

課題3

　環境問題にたいする意識と実際の行動にどのようなずれがあるかを調べるアンケート用紙を作ってください。年齢や性別などによって違いが出そうであれば，それを調べられるようなアンケートにしてください。

　環境問題にたいする意識とは，たとえば，合成洗剤よりせっけんのほうが環境によいと思っているかどうかというようなことです。実際の行動とは，たとえば，合成洗剤よりせっけんを使うようにしているかどうかというようなことです。

課題4

　実際にあるアンケート用紙を集め，それぞれのよい点と悪い点を述べてください。悪い点が多いアンケート用紙については，書き直してください。

　アンケートは，お店や商品，サービスなどをよくするために行っているものでも，学術的な目的で行っているものでもかまいません。また，アンケート用紙は，インターネットで集めてもかまいません。

課題5

　自分が関心のある分野について，アンケート調査ができるようなテーマを考え，調査の目的をはっきりさせたうえで，アンケート用紙を作ってください。そして，そのアンケート用紙を作るときにどんな工夫をしたかについても説明してください。

トレーニング 12
掲示板やメーリングリストを使う

「Sarina の沖縄情報」掲示板へのはじめての書き込み

　「Sarina の沖縄情報」というインターネットのホームページに，だれでも書き込めて，だれでも読める掲示板があります。加山さんはそこに次のような書き込みをしました。

　はじめまして　投稿者：加山ひとみ　投稿日:14/06/18 21:37
今年の夏、初めて沖縄に行ってみようと思って調べていたら、この掲示板を見つけました。沖縄で本場の沖縄料理を食べてみたいと思っているのですが、いい店を教えてもらえませんか？
お返事はメールでもいいですし、電話でもいいです。パンフレットか何かあったら、送ってください。よろしくお願いします。

♪♪♪♪♪♪♪♪♪♪♪♪♪♪♪♪♪
加山ひとみ
　214-0005 川崎市多摩区寺尾台 2-7-16
　090-3091-2246
　hk021245@ic.minami-gakuen.ac.jp
♪♪♪♪♪♪♪♪♪♪♪♪♪♪♪♪♪

掲示板やメーリングリストを使う 97

加山さんの投稿にたいして,「やまとん」さんから次のような投稿がありました。

> **ようこそ加山さん**　投稿者:やまとん　投稿日:14/06/19 07:11
> ようこそ,加山ひとみさん。初めての沖縄旅行,楽しいものになるといいですね。ご質問の件ですが,沖縄料理と言っても宮廷料理から庶民的なものまでいろいろです。泡盛などお酒も飲まれますか?
>
> ここのホームページには,Sarinaさんが足で集めてくださった沖縄料理店の情報もたくさん載っています。まずそちらを調べてみられたらいかがでしょう。掲示板の過去の投稿も参考になると思います。
>
> それから,掲示板には個人情報は載せないほうがいいですよ。危ない目にあっても知りませんよ。(^_^;

【問題1】
加山さんの最初の投稿を,もっと適切なものに書き直してください。

【問題2】
加山さんは,やまとんさんの投稿を読んで「恥をかかされたみたいで,ちょっとむかつくなあ」と思いましたが,それをストレートに伝えるのはよくないと思いました。加山さんは,やまとんさんにたいして次のどれを中心にした投稿をするのがよいと思いますか。それはなぜですか。
　　ア　感情的にならないように気をつけながら,余計なお世話だと伝える
　　イ　どうしてこんなことを書いたかを説明しながら,自分の無知を謝る
　　ウ　自分が知らなかったことを教えてくれたことについてお礼を述べる

【問題3】
やまとんさんにたいする返事の投稿を書いてください。

「ラブ・ハムスター」メーリングリストでもらった情報へのお礼

「あつみ」さんは、「ラブ・ハムスター」というメーリングリストのメンバーになっています。このメーリングリストは、だれでも簡単にメンバーになれ、「love-hamster@freeml.com」というアドレスにメールを送ると、メンバー全員にそのメールが配信されます。

「あつみ」さんは、このメーリングリストに次のメールを投稿しました。

> はじめまして。ハムスターもメーリングリストも初心者のあつみです。ちょっと教えてくださいませんか？うちのハムちゃんが2日ほど便が出なくて心配です(;_;)近くの動物病院に電話で聞いたら、ハムスターは診てもらえないようでした。ハムスター専門の病院ってあるのでしょうか？ご存じの方、教えていただけませんか？

すぐに、「ぴい」さんからメーリングリストあてに次のメールが届きました。

> ぴいです。あつみさん、心配ですね。ハムスター専門の先生がいらっしゃる病院は次のサイトに詳しい情報があります。
> 　http://www.hhn.ne.jp/~emi/ham/hospital
> でも、専門の病院じゃなくても、診てもらえる病院はたくさんあります。あちこち電話して、調べてみたらいいと思います。

【問題4】
あつみさんがぴいさんにお礼のメールを出すときは、ぴいさんの個人アドレスとメーリングリストのどちらがよいと思いますか。それはなぜですか。

【問題5】
あつみさんになったつもりで、ぴいさんにお礼のメールを書いてください。

鹿児島北高校同窓会東京支部のメーリングリストを使った話し合い

　鹿児島北高校同窓会東京支部では，支部長と7人の世話人だけにメンバーを限定したメーリングリストを作っています。6月17日に，支部長から次のようなメールがメーリングリストに流されました。

> 世話人の皆さん、いかがお過ごしですか。今年も東京支部同窓会を開こうと思います。7月26日の土曜日の夕方はどうでしょうか。場所は、去年と同じ渋谷センターホテルにするか、もっとよい場所がありましたら、ご提案ください。また、学生は例年どおり会費を半額にするつもりですが、ご意見がありましたらお寄せください。

　支部長がこのメールをメーリングリストに出してから1週間たっても，だれからも返事が来ませんでした。そのため，支部長は，このまま同窓会の計画を進めてよいかどうかの判断ができず，困ってしまいました。

【問題6】
　世話人の人たちはどうして返事を書かなかったのでしょうか。それぞれ事情が違うと思います。いろいろな可能性を考えてみてください。

【問題7】
　世話人の一人になったつもりで，このメールにたいする返事を書いてください。

【問題8】
　支部長は返事をもらうためにどのような工夫をすればよかったでしょうか。また，返事が来なくても計画が進められるようにするために，どんな工夫をすればよかったでしょうか。

【問題9】
　支部長のメールを書き直してください。

全国学生ディベート連盟のメーリングリストでの口論

　全国学生ディベート連盟では，約20人の執行委員だけにメンバーを限定したメーリングリストを作っています。7月21日に，総務担当の山崎さんから次のようなメールがこのメーリングリストに流されました。

> 今年度第1回の執行委員会を8月7日に関東情報大学で開催します。準備の都合がありますので，至急出欠をお知らせください。

　それから1週間ほどして，総務担当の山崎さんから次のようなメールがメーリングリストに流されました。

> 執行委員会の出欠の連絡がまだの方は大至急お知らせください。弁当の手配や会場の確保の都合があります。大至急お願いします。

　このメールが配信されてすぐ，執行委員の岡野さんから次のようなメールがメーリングリストに流されました。

> 岡野です。総務の山崎さんから執行委員会の出欠の連絡がまだの方は大至急知らせるようにとのメールが来ましたが，こういうメールはMLではなく，連絡がない人だけに出すようにしてください。連絡をした人も，自分がちゃんと連絡をしたかどうか確認しなければなりません。連絡してない人は，自分ではもう連絡したつもりでいるのかもしれません。こんな方法はみんなに手間をかけるだけで，何にもなりません。だいたい至急っていうのは，いつまでなのかわかりません。総務担当なのですから，以後，気を付けてください。

これにたいして，総務担当の山崎さんから次のようなメールがメーリングリストに流されました。

> 岡野さんから至急というのはいつまでなのかわからないというクレームが来ましたが，常識的に考えて，２，３日以内でしょう。実際ほとんどの人は１週間以内に返事をくれます。こっちも好きで総務担当を引き受けたわけではありません。非常識な人や文句を言うだけで何も仕事をしない人が多くて，大変です。常識を持って，協力的にやってください！　嫌なら，岡野さん，総務をやってください。

【問題 10】
　総務担当の山崎さんが最初に出したメールにはどんな問題点があったと思いますか。

【問題 11】
　山崎さんが最初に出したメールを書き直してください。

【問題 12】
　山崎さんが最初のメールを出したあと１週間ほどして書いた２番目のメールを書き直してください。そのメールのあて先も考えて直してください。

【問題 13】
　岡野さんのメールを，口論にならないようなものに書き直してください。

【問題 14】
　山崎さんの最後のメールを，口論にならないようなものに書き直してください。

【問題 15】
　この連盟の委員長になったつもりで，総務担当の山崎さんと岡野さんをなだめ，口論を収拾するために，だれにどんなメールを送ったらよいかを考え，そのメールを書いてください。

課題 1

　天野川の環境保護を目的とした「天野川環境ネットワーク」では，会員約60名だけに限定したメーリングリストを使って，情報の交換をしています。
　次のメールは，事務局長からメーリングリストに送られてきたものです。

---

from Yutaka Oshima　　　　　　　　　　　　　　2014/08/05 14:37
宛先： amanogawa@egroups.co.jp
[amanogawa] お知らせ

水質調査グループの皆さん、８月２０日に今年度第２回の水質調査を行います。９時までに中島大橋に集合してください。お昼はいっしょにお弁当を食べながら、今後の活動について話し合いましょう。

環境美化グループの皆さん、８月２７日に星野大橋より下流のゴミ拾いを行います。午前10時に星野駅前に集合してください。環境美化グループ以外の方の参加も大歓迎です。

運営委員の皆さん、転勤で運営委員を辞められた小野さんの後任を山中さんにお願いしようと思います。ご意見をお寄せください。

今年度の会費が未納の方がまだ数名いらっしゃいます。未納の方は早めに会費を納入してください。

【問題 16】
　このメールにはどんな問題点がありますか。

【問題 17】
　このメールを書き直してください。必要なら，新しいメーリングリストを作ってもかまいません。

掲示板やメーリングリストを使う　103

課題2

　インターネットの掲示板や，だれでもメンバーになれる開かれたメーリングリストへの投稿をたくさん見てください。(メーリングリストの中には，過去の投稿をメンバー以外にも公開しているものがあります。) そして，その中から，自分がよいと思う投稿と悪いと思う投稿を集めてください。それをもとに，掲示板や開かれたメーリングリストに投稿するときにどんなことに注意しなければいけないかを，自分で見つけた投稿の例をあげながら説明してください。

課題3

　インターネットの掲示板や，だれでもメンバーになれる開かれたメーリングリストへの投稿をたくさん見て，ほかの人の投稿にたいする注意や非難が書いてある例，口論になった例などを集めてください。そして，どうしてそのようなトラブルが起きたのかを推測できる例については，その原因を述べてください。

課題4

　メンバーが限定された閉じたメーリングリストを使って何かを決めるときに，どんなことに注意をしたらうまくいくのかを，なるべく具体的な例をあげながら，整理して述べてください。

課題5

　インターネットの掲示板や，だれでもメンバーになれる開かれたメーリングリストの中から自分が興味のあるものを選んで，実際に投稿してみてください。そして，どんなところにどんな投稿をしたか，投稿するときにどんな工夫をしたか，それにたいしてどんな反応があったか，投稿してみてどんな感想をもったかなどについて報告してください。

トレーニング 13
日本語弱者のことを考えて書く

東海電鉄の女性専用車のステッカー

　東海電鉄では，朝のラッシュ時だけ電車の一両を女性専用車にすることにし，その車両にはるステッカーとして，次のものを考えました。しかし，これは，外国の人など，日本語が得意でない人にはわかりにくいと思われます。

女　性　専　用　車

この車両は下記の時間帯・区間で女性専用車になります。男性がご乗車の場合は、係員が他の車両に移るように注意させていただくことがございます。乗客の皆さまのご協力をお願い致します。

　　時間　　平日の午前9時までに川口駅に到着する上り列車
　　区間　　山口駅から川口駅まで（普通列車と準急を除く）

【問題1】
　このステッカーで不必要なところやわかりにくいところをあげてください。

【問題2】
　このステッカーを，日本語が得意でない人にもわかるように，わかりやすく簡潔なものに書き直してください。絵や外国語を併記するなどの工夫もしてください。実際に外国語で書かず，こう書くと述べるだけでもかまいません。必要があれば，時間や区間を含め，内容を少し変えてもかまいません。

花見川水上バスの料金や路線の案内板

　花見川を走る水上バスの「日の出港」の乗り場には，次のような案内板があります。この案内板は，日本語がわからない人のことを考えないで作られています。

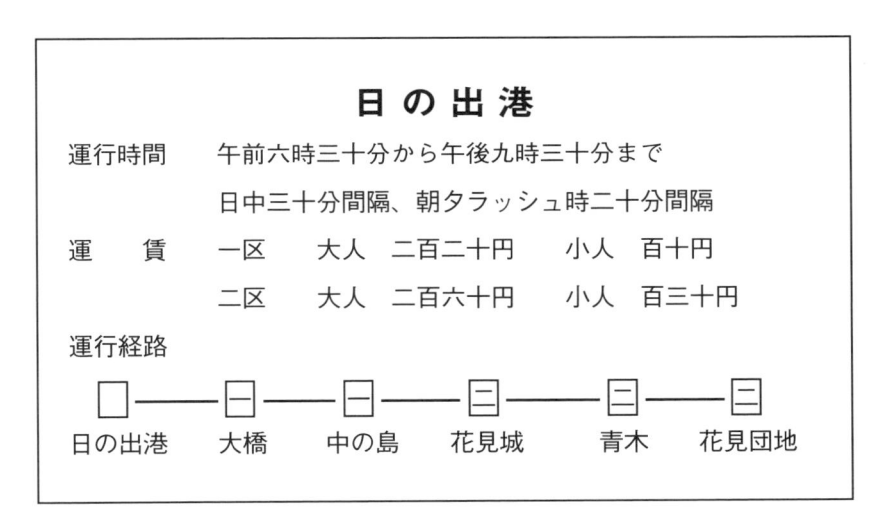

```
　　　　　　　　　日 の 出 港

　運行時間　　午前六時三十分から午後九時三十分まで
　　　　　　　日中三十分間隔、朝夕ラッシュ時二十分間隔
　運　　賃　　一区　　大人　二百二十円　　小人　百十円
　　　　　　　二区　　大人　二百六十円　　小人　百三十円
　運行経路
　　　□────□────□────□────□────□
　　日の出港　大橋　　中の島　花見城　　青木　　花見団地
```

【問題3】
　この案内板は，日本語がよくわかるお客さんにもわかりにくいものになっています。わかりにくいところをできるだけたくさんあげてください。

【問題4】
　この案内板は，日本語がわからないお客さんにはまったくわからないものになっています。どうしてわからないのか，どういう工夫をすればわかりやすくなるかを述べてください。

【問題5】
　この案内板を，日本語も英語もわからないお客さんを含め，なるべくだれにでもわかりやすいものに書き直してください。なお，案内板を見るのは，外国から来た人を含め，ほとんどが花見城へ行く観光客です。

「すしの大友」のメニュー

次のメニューは、「すしの大友」というすし屋のものです。この店は空港にあり、外国の人を含め、すし屋に入ったことがないお客さんが多いので、メニューに英語の表示を入れています。

```
                    お品書き
                      百円
蛸         海老        ゲソ       玉子       カッパ      鉄火       おしんこ
OCTOPUS    SHRIMP     GESO      EGG        KAPPA      TEKKA      OSHINKO
                      二百円
マグロ      サーモン     ハマチ     烏賊       甘エビ      穴子        帆立
TUNA       SALMON     HAMACHI   SQUID      SHRIMP     CONGER     SCALLOP
                      三百円
鯛         平目        イクラ      赤貝        ネギトロ     赤だし
SEA BREAM  FLATFISH   SALMON ROE ARK SHELL  NEGITORO   AKADASHI
                      四百円
ウニ         トロ        酢の物        茶碗蒸し
SEA URCHIN  TUNA      VINEGARED DISH  POT-STEAMED HOTCHPOTCH
                   にぎり・ちらし
梅    千円            竹    千五百円              松    二千円
PLUM                BAMBOO                   PINE
```

【問題6】

日本語がわからない人や、はじめてすし屋に入る人の立場に立って、このメニューのわかりにくいところや、支払金額でトラブルになりそうなところをできるだけたくさんあげてください。

【問題7】

このメニューを、だれにでもわかりやすいように、書き直してください。メニューの内容を少し変えてもかまいません。

「けやき台サマーフェスティバル」の参加者募集チラシ

　けやき台の連合自治会では，今年から住民の交流のために「けやき台サマーフェスティバル」を開くことにしました。次のチラシは，その参加者を募集するために作ったものです。このチラシは，小学生からお年寄りまでさまざまな人に見てもらいたいのですが，ちょっとわかりにくいようです。

けやき台サマーフェスティバル参加者募集のお知らせ

　来る７月２５日にけやき台中央公園を舞台にけやき台サマーフェスティバルを開催することになりました。参加御希望の方はけやき台プラザ受付に備え付けのエントリーシートにご記入の上、７月１０日迄に直接またはファックス（63-2557）またはWEB（「けやき台イエローページ」で検索が便利）でお申し込み下さい。申込み多数の場合は抽選とさせていただきます。

　一般参加者を募集するのは、以下のものです。大ビンゴ大会は当日受付で百円をお払い下されば、どなたでも参加出来ます。

　　模擬店　焼きそば、焼き鳥、ワッフル、金魚すくい、輪投げ等々。
　　空ＯＫ選手権　機械の採点で順位を決めるカラオケ大会です。
　　フリーマーケット　個人またはグループで出店できます。
　　パフォーマンス　ダンス、マジックなど。一般審査員も募集中！

【問題8】

　このチラシの中で，小学生にはむずかしいと思うところや，お年寄りにはわかりにくいと思うところを，できるだけたくさんあげてください。

【問題9】

　このチラシを，だれにでもわかりやすいように，書き直してください。必要があれば，書く内容を少し変えてもかまいません。

「東京ひらがな新聞」に載せる地震についての記事

　「東京ひらがな新聞」は，首都圏に住んでいる外国人向けの新聞です。記事はすべて簡単でわかりやすい日本語で書き，漢字にはすべてふりがなをつけることになっています。今度，次のような内容の記事を載せようと思いますが，この日本語はむずかしすぎます。

いつ起きてもおかしくない首都圏を襲う地震に備える

　現在の地震学ではある地域に起きる地震の直前予知を行うことは出来ないとされているが，長期的にどの地域でどのような地震が発生するかはかなり正確に予測出来るようになってきた。

　関東地方でいつ起きてもおかしくないとされるのは東海地震と首都圏直下型地震であるが，両者は相前後して起こる可能性が高く，首都東京を始めとする人口密集地に甚大な被害をもたらすことが危惧されている。

　対象地域の住民は家具は転倒防止器具等によって転倒しないような措置を講じる，定期的に非常持ち出し品のチェックと補充を行う等，普段から地震に対する様々な備えを行う必要がある。地震直後に必要になる水や保存食はもちろんのこと，給水車から給水を受けるためのポリタンク等も事前に購入しておきたい。

【問題10】
　この記事の中で，日本語が得意でない人にはむずかしすぎると思うところを，できるだけたくさんあげてください。

【問題11】
　この記事を，「東京ひらがな新聞」の方針に合わせて，書き直してください。必要があれば，書く内容を増やしたり減らしたりしてもかまいません。

小学生向けのバス旅行のパンフレット

　村田さんが住んでいる町の自治会で，小学生だけを対象にしたバス旅行を企画することになりました。参加者には，行き先の案内や注意書きを書いたパンフレットを渡す予定です。次の注意書きは，大人を対象にしたバス旅行のときに作ったパンフレットに載せたものです。なるべくこれをそのまま使いたいのですが，小学生にはむずかしい日本語になっています。

往復の車中でのお願い

　参加者各位が気持ちよく過ごせますよう、次の事項をお守り下さいますようお願い致します。

(1) 車中は禁煙です。お煙草はサービスエリア、ドライブイン等での休憩時にお願いします。飲酒については、他の参加者のご迷惑にならない範囲でお願いします。

(2) 車内で出ました空き缶、ゴミ等は、車内に残さず、ゴミ箱に捨てるか、お持ち帰り下さい。

(3) 約1時間半ごとに用便のための休憩を取ります。休憩時に必ず用便をお済ませ下さい。

(4) 復路は、お休みになられる方が多いと思われます。大声でのご歓談などはご遠慮下さい。

【問題12】
　この注意書きの中で，小学生には必要のないところや，小学生にはわかりにくいと思うところを，できるだけたくさんあげてください。

【問題13】
　この注意書きを，小学生向きに書き直してください。必要があれば，書く内容を増やしたり減らしたりしてもかまいません。

[課題1]

水道管が破裂して水道が止まり、給水車が来ることになったため、北山ハイツでは、入居者に給水車が来る時間を知らせる次のような張り紙をしました。ところが、入居者には日本語があまり得意でない人が多く、張り紙の内容がよくわからない人も多かったようです。

本日の給水車の予定

○北山小学校グランド　　午前十時から午後十二時まで
×北山中学校前　午前十時から午後十二時まで
○北山中央公園　午後三時から午後五時まで
×フレッシュマート駐車場　　午後三時から午後五時まで
○白川高校　午後三時から午後五時まで
○松下児童公園　午後三時から午後五時まで
ポリタンク等を御持参下さい。給水は終了予定時間前に終了する場合があります。

【問題14】
北山ハイツの入居者には、ひらがなは読めるが、カタカナや漢字はほとんど読めない人がいます。そういう人にとって、この張り紙のどこがわかりにくいか、どう変えればわかりやすくなるかを述べてください。

【問題15】
このような状況で北山ハイツの入居者が知りたい情報は何かを考えたうえで、張り紙にどんな情報をどのように載せればよいかを述べてください。

【問題16】
この張り紙を、どんな人にでもわかりやすいように書き直してください。追加したほうがよい情報があれば、想像で適当に補ってもかまいません。

課題2

　京都にある「つるや」という旅館には、日本語が得意でない外国からのお客さんがたくさん来ます。「つるや」では、部屋に風呂がなく、大浴場を使ってもらっていますが、風呂の入りかたがわからないお客さんが多いようです。そのようなお客さんのために、風呂の入りかたを簡単な日本語と英語と中国語と韓国語で書いたチラシを作って、チェックインのときにフロントで渡そうと思います。そのチラシの日本語の部分を作ってください。

課題3

　日本語がまったく読めない人になったと仮定して、電車やバスに乗ったり、郵便局や銀行に行ったり、デパートで買い物をしたりしてみてください。そして、日本語が読めないとどういうところで苦労するのか、どういう工夫をすれば日本語が読めない人でも苦労しないで生活できるようになるのかを、具体的な事例をいくつかあげて述べてください。

課題4

　インターネットのホームページや、新聞、自治体の広報誌などで、日本語が得意でない人にも必要な情報が書いてある文章を見つけ、その文章を簡単な日本語に書き直してください。そして、書き直すとき、どのような部分をどう直したのか、どのような工夫をしたのかについても述べてください。

課題5

　日本語を母語としない人が外国語としてはじめて日本語を勉強するためのテキストを探し、そこでどんな単語や文型、文字などを学ぶのかを調べてください。その結果をもとに、日本語を勉強しはじめた人にはどのような日本語がわかりやすく、どのような日本語がむずかしいのかを、例をあげながらまとめてください。

トレーニング 14
レポートや論文を書く

「ジェンダー論」のレポートの書き出し

　森川先生の「ジェンダー論」という授業で，「日常生活に潜むジェンダー」について自分で調査してレポートを書くように言われました。沢口さんは，女性の職業名についてアンケート調査や聞き取り調査をしてレポートを書くつもりです。次の文章は，沢口さんが書いたレポートの最初の部分です。

> 　ジェンダーという言葉が日本で使われるようになったのは最近のことです。英語では gender が昔から使われてたみたいですから日本人のジェンダー意識がいかに遅れてたかがわかります。日本では男言葉と女言葉がはっきり別れてるのに混浴の習慣が昔からあることからもわかるようにジェンダー意識があいまいです。ジェンダーの問題は、２１世紀の日本社会にとって重要です。私は授業中に森川先生が言われた性差の問題をレポートに書こうと思います。

【問題1】
　この文章には，この課題のレポートとして不適切だと思われるところがたくさんあります。どういうところがどうして不適切かを述べてください。

【問題2】
　このレポートの書き出しを，自分で工夫して書いてください。

「言語と社会」のレポートに書く「調査の方法」

　加藤さんは,「言語と社会」という授業の課題として出された期末レポートで「気づかれにくい方言」を調査し,まとめることにしました。次に示すのは,「1．はじめに」に続く「2．調査の方法」の部分です。

２．調査の方法
　このように，大阪の方言なのに，大阪の方言と思われていないものが多そうに思ったので，その調査を行うことにした。しんどい，〜ちがいますか？などは大阪の方言だが，大阪の方言だと思うかどうかを友人や知り合い，高校のときの同級生とその親に訊ねた。親にも訊ねたのは，若者と年寄りでは方言に対する考え方が違うと予想したからである。すぐに答えてくれない人が多く，人数が思ったほど多く集まらなかったが，だいたいの傾向はつかめたと思う。
　あと，自分が大阪の方言だと思わなかったために，他の地方の人に通じなくて困った経験がないかどうかも訊ねた。これは，以外にたくさんの人が答えてくれた。でも，プータローみたいに大阪の方言でないのに，他の地方の人に通じなかった大阪の方言という答えまで混じっていましたが…(笑)

【問題3】
　このレポートの「調査の方法」に書く内容として，何が不足していて，何が余計だと思いますか。できるだけたくさんあげてください。

【問題4】
　このレポートのこの部分を，表現や表記なども含め，よりよいものに書き直してください。書き直すときに追加しなければならないことがあれば，想像で補ってかまいませんし，内容を少し変えてもかまいません。

「都市の環境問題」というレポートの本文

　ロペスさんは，中田先生の「環境地理学」という授業のレポートとして，「大都市の環境問題」という題目のレポートを書こうと思っています。与えられた課題は，大都市の環境問題について，本やインターネットなどでデータを集めて，それをもとに今後の見通しや必要な対策について自分の考えを述べるというものです。次に示すのは，そのレポートの一部です。

　大都市の環境問題で重要なのは、水質汚濁、大気汚染、騒音問題、ゴミ処理などである。大気汚染は、自動車やトラックからの排気ガスだけでなく、工場から出される煤煙も原因になっているのである。バブル以降は自動車からの排ガスの割合が増えていることは、付録として最後に付けたデータからもわかることである。

　水質汚染は、高度成長期より工場排水が改善され、下水道の普及も急ピッチで進められてきたとは言え、湖沼では毎年アオコの発生が伝えられているのである。琵琶湖のアオコの発生についてデータは、付録のデータとして示しておきます。

　その他、ヒートアイランド現象も近年注目されている。気温が三〇度を超える時間数を調査したところ、約二〇年間で、東京、名古屋で二倍、仙台では三倍に増えている事が判明した。青山教授がおっしゃるように、まさに日本の大都市は亜熱帯になったのである。

【問題5】
　この文章で，構成や書きかたに問題があるところをあげてください。

【問題6】
　この文章を，よりよいものに書き直してください。書き直すのに必要なことは想像で補ってかまいませんし，内容を少し変えてもかまいません。

卒業論文の題目

次の(1)から(9)は，卒業論文の題目です。これらの題目には，問題点がいろいろあります。論文の題目らしくない，わかりにくい，むだなことばが多いといったことです。

> (1) 今どきのコンビニと若者のライフスタイル
> (2) 吉本ばななとキッチンをめぐって
> (3) パリコレ考
> (4) 人間夏目漱石
> (5) ＬＤ児教育大研究
> (6) 低成長時代の会社経営を目指して
> (7) 標準語⇔山形弁自動変換は可能か??
> (8) 根菜類の抗アレルギー効果を探る-未知への挑戦-
> (9) 日系ブラジル人労働者の労働実態についての一考察〜〜浜松の日系ブラジル人労働者の労働実態の聞き取り調査〜〜

【問題7】

上の(1)から(9)の題目のそれぞれについて，次のような観点からどんな問題点があるかを述べてください。

・学術的な論文にふさわしくない主観的なことばが入っていないか

・漠然とした題目ではなく，内容を過不足なく表す題目になっているか

・専門が少し違う人が見ても，扱っている内容がきちんと理解できるか

・実質的には何の情報も伝えない，意味のないことばが入っていないか

【問題8】

上の(1)から(9)の中から5つの題目を選んで，よりよいものに書き直してください。書き直すのに必要なことは，想像で補ってかまいません。

「早口ことばの実験的研究」という卒業論文の目次

　下に示すのは，「早口ことばの実験的研究」という卒業論文の目次です。

　この論文では，まず，実験1として，30人の被験者に30個の早口ことばを言ってもらい，どんな音のつながりがむずかしいかを分析しています。次に，その結果をもとに，新しい早口ことばを30個作り，実験2として，新しく作った早口ことばを別の30人の被験者に言ってもらい，実験1の結果を確認しています。

【問題9】

　この目次を見ただけでは，どのような内容の論文なのかがわかりません。目次を見ただけで論文の内容がわかるようにするためには，どこをどう直したらよいか，述べてください。

【問題10】

　節の番号が「2.1.1.1」のように4ケタにもなっているのは，読む人にはわかりにくいものです。わかりやすくするためには，章や節をどう整理したらよいか，述べてください。

【問題11】

　この目次を，構成が整っていて，論文の内容が読む人にすぐわかるようなものに書き直してください。

```
第一章　序論
第二章　本論
　第一節　実験1
　　2.1.1　実験の概要
　　　2.1.1.1　実験の目的
　　　2.1.1.2　実験の方法
　　2.1.2　実験の結果と考察
　　　2.1.2.1　実験の結果
　　　2.1.2.2　考察
　　2.1.3　結論
　第二節　実験2
　　2.1.1　実験2の目的と方法
　　　2.1.1.1　実験の目的
　　　2.1.1.2　実験方法
　　2.1.2　実験2の結果と考察
　　　2.1.2.1　実験結果
　　2.1.3　結論
第三章　結論
参考文献
```

「インターネット・ショッピングに関する研究」という卒業論文の要旨

次の文章は,「インターネット・ショッピングに関する研究」という卒業論文の最初についている論文要旨です。

> インターネットの普及はめざましく、今や生活に不可欠なものになっているが、特にインターネット・ショッピングは利用者が年々増加していることが各種調査で明らかになっている。インターネット・ショッピングは学生の利用者も多いが、学生は使える資金が限られているため、マーケティングの対象になりにくいが、将来消費者になる学生の意識を探ることは異議があることだと思う。
> なので、私は学生のインターネット・ショッピングの利用実態をアンケートによって調査し、会わせてインターネット・ショッピングに対する意識も調査した。この調査は、今後のインターネット・ショッピングの動向を占うものと言えよう。
> 最後に、アンケート調査に協力してくださった方々に感謝致します。

【問題12】
論文に要旨をつけるのは,本文を読まなくても論文の内容が簡単にわかるようにするためです。そうだとすると,要旨に書かなければならないことは,論文のどの部分に書いてあることだと思いますか。

【問題13】
上の要旨にはどんな問題点があるかを述べてください。

【問題14】
上の要旨を,よりよいものに書き直してください。書き直すときに追加しなければならないことがあれば,想像で補ってかまいません。また,題目を含め,内容を少し変えてもかまいません。

課題 1

次の文章は，「労働経済論」という授業の課題として書いた「ワークシェアリングの現状」という期末レポートの書き出しです。ワークシェアリングの現状を文献などで調査し，会社の労務担当者か勤労者に聞き取り調査を行ったうえで，ワークシェアリングを広めるための提案を書くという課題です。

> ワークシェアリングには雇用創出型と雇用維持型と多様就業型がある。この中で企業も勤労者も最も感心が高いのは，多様就業型である。これは，正社員のまま、短時間勤務を可能にするなど勤務の仕方を多様化し，全社員の総勤務時間を増加させないで，女性や高齢者に雇用機会を与えるのである。一方，雇用創出型は，国家単位での取組が必要なものであり、企業に対して一定の助成が実施されて初めて効果が現れるのである。
>
> この中で私的には多様就業型はフリーターを増加させ，社会を不安定にさせるので，国家が雇用創出型を選択して，法定労働時間を短縮すべきである。しかし，ある調査によると法定労働時間短縮によるワークシェアリングの効果はないとする企業や勤労者が多い。人件費抑制のためだけのワークシェアリングの失敗は目に見えている。

【問題 15】

この文章は，レポートの書きかたとしては好ましくないところがあります。どんなところがどうして好ましくないのかを，できるだけたくさん述べてください。

【問題 16】

この文章をレポートの書き出しらしい書きかたに直してください。必要があれば，内容を少し変えてもかまいません。

課題2

　自分が今まで書いたレポートや今から書こうとしているレポートを，内容ではなく書きかたの面から客観的に読んでみて，よい点と悪い点を述べてください。悪い点については，どのように書き直せばよいかを述べてください。

課題3

　レポートや卒業論文や卒業研究発表資料などをたくさん見て，題目や構成，要旨，本文について，よい例と悪い例をあげ，その理由も述べてください。悪いものについては，どのように書き直せばよいかを述べてください。

　卒業論文などの題目や要旨は，インターネットのホームページでもたくさん見つけられます。レポートや卒業論文そのものを見られるホームページもあります。

課題4

　要旨がついていない卒業論文や卒業研究発表資料などを読んで，要旨を書いてください。要旨がついていないものが見つからない場合は，よい書きかたになっていない要旨を書き直すのでもかまいません。そして，要旨を書くときにどんな工夫をしたかについても説明してください。

課題5

　レポートや論文を書くとき，題目のつけかたや，構成，要旨の書きかた，本文の書きかたなどにどんな注意が必要かをまとめてください。レポートや論文の書きかたについて書かれた本やインターネットのホームページをいくつか見て，それを参考にしてもかまいません。ただし，古いスタイルをもとにしていて，参考にしないほうがいいものもあります。参考にしたときは，どの本やどのホームページのどの部分をどのように参考にしたのかを明示してください。

トレーニング 15
自己アピールをする

トゥモロー基金奨学生に応募する

　中西さんは社会福祉が専門の大学生ですが，親からの仕送りが少ないので，出身地の島津市が募集しているトゥモロー基金奨学生に応募することにしました。募集要項によると，奨学生は毎月5万円の奨学金がもらえ，返還の必要はありません。10名の定員に毎年100人ほどの応募があり，書類選考で約20名に絞られ，面接があるそうです。選考の基準は，経済状況と，学生時代の勉強や経験を地元に還元しようという意欲の強さのようです。

　中西さんは，300字くらい書ける申請理由欄に次のように書きました。

> 家はもともとお金がないし、世の中が不況で生活がとても苦しくなっています。兄弟もいて、お母さんも働いていますがあまり収入がありません。私もできればちゃんと勉強して学校を卒業したいので奨学金をもらえればと思い申請します。

【問題1】
　中西さんが書いた申請理由の問題点を述べてください。

【問題2】
　中西さんがトゥモロー基金奨学生の書類選考で選ばれるように，申請理由を書き直してください。必要な情報を想像でつけ加えてもかまいません。

備前・花の祭典のレポーターに応募する

　岡山新聞が主催する「備前（びぜん）・花の祭典」では，3月から6月までの期間中，レポーターを募集しています。レポーターの仕事は，週に一度「花の祭典」の会場を回り，いろいろな展示や催しを報告する新聞記事の原稿を書くことです。大学生の南さんは，このレポーターに応募することにし，応募用紙にある「自分が一番誇れること」という欄に次のように書きました。

　　私が一番誇れるのは，人に対するやさしさです。電車では必ず年寄りに席をゆずるし，家でもお母さんが疲れているときは掃除や洗濯や家事をやります。

　　小さいとき体が弱かったので，よく授業中に気分が悪くなって保健室に行きました。それを生かして，高校時代には保健委員長をしました。そういうふうに人の弱みもわかる人間です。

　　話をするときは相手がどう思うだろうとか相手の立場に立ってやって欲しいことを考えます。私はちょっと変わった趣味を持っていてインド舞踊が趣味なのですが踊りを見てもらうときも，それぞれの踊りの背景や動きの意味がわかるように説明するし，ヒンズー語や舞踊の専門用語を使わずにわかりやすく話すようにしています。

【問題3】
　この文章の問題点を述べてください。

【問題4】
　南さんのいう「やさしさ」は，このままではインパクトがありません。「相手の立場に立つ」ということとレポーターの仕事を関連づけてください。

【問題5】
　南さんが書類選考で落とされないように，この文章を書き直してください。

鳴門学園大学への編入志望動機を書く

　赤井さんは来年の春，南四国大学短期大学部の生活科学科を卒業する予定ですが，もう少し勉強したいと思い，鳴門(なると)学園大学の日本文化学科の編入試験を受けることにしました。試験は小論文と面接です。面接では，応募書類に 300 字以内で書く「志望の動機」を中心に質問されるようです。

　次の文章は，赤井さんが書いた志望の動機です。

> 私は今度の春に短大の生活科学科を卒業しますが，就職も決まってないし，もう少し勉強したいと思います。短大でやった勉強はいまいちおもしろくなかったので，子供の頃に京都の美術館に行ったときに感動した絵の勉強をしようと思います。是非入学させてもらいたいと思います。

　ところが，編入試験の面接で次のように言われ，うまく受け答えができませんでした。

「赤井さんが編入を希望するのは就職が決まらなかったからですか。」

「短大のときの勉強がおもしろくなかったから絵の勉強をしたいということですが，うちに入ってもおもしろくなかったら，どうするつもりですか。」

「ここでは，絵の勉強といっても，実際に絵を描くのではなく，美術史の勉強になりますが，それをわかったうえで希望しているんでしょうか。」

「子どものときに京都で見た絵というのは，どんな絵ですか。」

【問題 6】
　面接官のことばを参考に，赤井さんの志望動機の問題点をあげてください。

【問題 7】
　赤井さんの志望動機を書き直してください。

自己アピールをする **123**

きのくに銀行に就職するためのエントリーシートを書く

　村山くんは,「きのくに銀行」という中堅の地方銀行への就職を希望しています。この銀行のホームページで「採用情報」を見ると,エントリーシートをダウンロードして,それに記入して送るようにという指示がありました。

　エントリーシートには,氏名や住所などの基本情報のほか,部活動・サークル活動,資格などに加えて,自己PRを書く欄があります。「きのくに銀行」では,エントリーシートで応募者を半分以下に絞っているようです。

　次の文章は,村山くんが書いた自己PRです。

学生時代はお金がなかったのでバイトばかりしてました。1年のときからずっとスーパーで働いて,今では商品の配置は社員より知ってるしレジも一番早く打てるし社員教育もやりました。社員には年上の人間もいたので,バイトに教えられるのがイヤだったり物覚えの良くない人もいましたが頑張りました。スーパーはとても体力を使う仕事で,下手なスポーツサークルにいるよりは体力に自信ができたし,スポーツサークルにいる奴らより根性があります。もちろん徹夜は平気だし重い物を持ち上げたりするのも得意です。社長から卒業したら社員として残らないかとか言われたが,小さな会社の社員になるのはもったいないし,商社に勤めている先輩からも声をかけられました。こんな僕ですのでそちらの会社に入ったら,思い切り力を発揮したいと思います。よろしくお願いします。

【問題8】
　採用担当者はこの自己PRを読んでどう思うか,考えてください。

【問題9】
　この自己PRを書き直してください。内容を大きく変えてもかまいません。

中途採用の応募書類に転職理由を書く

　中野くんは大学を卒業したあと，情報処理会社に就職しました。ソフトウェア技術者として就職したにもかかわらず，最初に考えていた仕事内容と違って外回りばかりさせられるので嫌になって，半年で退職しました。

　インターネットで調べると，別の情報処理会社が中途採用の募集をしていました。中途採用希望者は，専用の応募シートに書き込み，それを送信することになっています。そのシートに，「転職理由」という欄があります。

　中野くんは，その欄に次のように書きました。

> 　前の会社を退職したのは，はっきり言って上司がよくありませんでした。最初はソフト技術者として働くことになっていたのに，営業で客のとこに行って文句を聞いてくることばかりやらされました。ある会社に行ったらシステムがバグだらけで使えないとか言われたけど，よく聞くと使い方が間違っていたし，別の客のところに行ったときは，こっちに関係ない機械の問題を聞かされたり，取扱説明書を書き直せと言われました。上司に言っても俺も最初はそうだったから仕方ないと言いました。僕は情報処理の資格も持っているので，営業なんかじゃなくて技術的な仕事だったら絶対成功してみせます。

【問題10】
　採用担当者はこの転職理由を読んでどう思うか，考えてください。

【問題11】
　中野くんはどうしてこのような転職理由を書いたのだと思いますか。

【問題12】
　この転職理由を書き直してください。

ガーナ親善学生大使の応募理由を書く

　原田さんは，ガーナ大使館が募集しているガーナ親善学生大使に応募することにしました。このプログラムは，1年間，ガーナで日本の文化を紹介しながらガーナの文化を学び，帰国後，報告書を提出するというものです。

　応募用紙には400字程度で「応募の理由」を書く欄があり，原田さんは次のように書きました。

> 私が初めて海外へ行きたいと思ったのは，高校のときでした。貧しい後進国で地震があったとき，日本のボランティアの人たちが，給料もなしで手伝っている姿がテレビに出て，それを見て感動したのです。その後，一度，家族でハワイに行きましたが，4日ほどだったし，日本語も通じるので，あまり海外という感じがしませんでした。ガーナはもちろん行ったことがないし，アフリカでチョコレートで有名なことしか知りませんが，一編行ってみたいと思います。アフリカに行ったら，いろんな物を見たり食べたり，いろんな人に会いたいです。私は，中学生の頃からお茶も習ってるし，英語の成績もそんなに悪くないので，アフリカの人にもいろいろ照会できると思います。1年間休学するのは単位とか取れなくて困りますが，高校のときから海外で生活したかったので，絶対行きたいです。がんばります。

【問題13】
　原田さんが書いた「応募の理由」の問題点を述べてください。

【問題14】
　この「応募の理由」を書き直してください。書き直すときに追加したほうがよい情報は，想像で補ってかまいません。

[課題1]

　石井さんは化粧品メーカーへ就職したいと思っています。応募のためのエントリーシートに「あなたのセールスポイント」という欄があり，300字程度で書くようにという指示があります。

　石井さんは，その欄に次のように書きました。

私は高校の頃からギターが好きで，ギターの神様と言われるナルシソ・イエペスみたいになりたいと思って毎日必ず2時間以は練習をしてきました。

ギターを始めた頃は大変で，楽しくないこともあったが，今ではアルハンブラの想い出という難しい名曲も弾けるようになり，大学のギター部では部長をやっていて，ギターのほかに作曲などもして，独創性があると自分では思ってます。ギター部はスポーツなんかより軟弱だと世間の人は思いますが，練習時間は長いし，コンサートでは一つでも間違えることができないし，合奏などでは他の人たちとの協調性も大切だ。私はギターをしてきていろんなことを学んだと思っている。

【問題15】

　すでに就職している先輩にこの文章を見せると，「いったい何をアピールしたいのかよくわからない」と言われました。何をアピールすることにし，どんな構成の文章にすればよいかを考えてください。

【問題16】

　石井さんの文章を，アピールしたいことがはっきりわかるように書き直してください。段落や文の長さ，文体などにも気をつけて書いてください。

自己アピールをする　127

課題2

　就職した会社では，毎年，入社3年目の社員の中から5人を選んで，3か月間のアメリカ研修旅行をしています。内容は，英語の研修や関連企業の見学のほか，観光旅行も含まれています。研修に応募するには，現在の自分の能力，研修で学びたいこと，研修後の希望や計画について，400字以内のエッセイを書かなければなりません。そのエッセイで候補者が絞り込まれたあと，面接があり，研修参加者が決まります。このエッセイを書いてください。

課題3

　スマートホンの会社が新しいアプリのモニターを募集しています。モニターになると，新機種がもらえるほか，毎月1万円が支払われるという好条件です。応募するには，自分がモニターにふさわしいということをアピールする文章を200字から300字で書かなければなりません。その文章を書いてください。
　新しいアプリの内容やモニターの仕事は，自由に設定してください。

課題4

　自己をアピールする文章を書くときにどんな注意が必要かをまとめてください。本やインターネットのホームページをいくつか見て，それを参考にしてもかまいません。ただし，参考にしたときは，どの本やホームページのどの部分をどのように参考にしたのかを明示してください。

課題5

　就職のためのエントリーシートをインターネットのホームページに載せている会社や団体を探してください。その中からなるべく自分が就職したい業種のものを選び，そのエントリーシートをダウンロードしてください。そして，そのエントリーシートに記入欄がある「自己PR」や「志望動機」などを書いてください。

著者紹介

野田尚史（のだ・ひさし）

- 生まれ：1956年, 金沢市
- 学　歴：大阪外国語大学イスパニア語学科卒業, 大阪外国語大学修士課程日本語学専攻修了, 大阪大学博士課程日本学専攻中退, 博士（言語学）
- 職　歴：大阪外国語大学助手, 筑波大学講師, 大阪府立大学助教授・教授, 国立国語研究所教授, 日本大学教授
- 専　門：日本語学
- 著　書：『日本語を分析するレッスン』（共著, 大修館書店, 2017）,『なぜ伝わらない, その日本語』（岩波書店, 2005）など
- 執筆分担：企画・構成, 第1次原稿（トレーニング2, 6, 8, 10, 12〜14）, 第2次原稿（トレーニング1〜15）

森口 稔（もりぐち・みのる）

- 生まれ：1958年, 大阪市
- 学　歴：北海道大学文学部哲学科卒業, 米国・南部工科大学修士課程テクニカルコミュニケーション専攻修了, 大阪府立大学博士課程比較文化専攻単位取得退学
- 職　歴：シャープ株式会社主任, 広島国際大学教授, フリーランステクニカルライター
- 専　門：テクニカルコミュニケーション
- 著　書：『基礎からわかる書く技術』（くろしお出版, 2019）,『英語で案内する日本の伝統大衆文化辞典』（三省堂, 2018）など
- 執筆分担：第1次原稿（トレーニング1, 3〜5, 7, 9, 11, 15）, 最終チェック（トレーニング1〜15）

日本語を書くトレーニング
Practice in Writing Japanese

発行日	2003年 3月20日 第1版 第1刷　2013年 3月27日 第1版 第9刷 2014年12月 5日 第2版 第1刷　2021年 4月15日 第2版 第4刷
定価	1000円＋税
著者	ⓒ野田尚史・森口 稔　Hisashi Noda, Minoru Moriguchi
発行者	松本 功
デザイン・組版	吉岡 透（ae）／ cue graphic studio
印刷所・製本所	三美印刷株式会社
発行所	株式会社ひつじ書房 〒112-0011 東京都文京区千石2-1-2 大和ビル2F Tel. 03-5319-4916　Fax. 03-5319-4917 郵便振替 00120-8-142852

◆ご意見, ご感想など, 弊社までお寄せください。
toiawase@hituzi.co.jp
https://www.hituzi.co.jp/

ISBN978-4-89476-177-3 C1081